美国华裔家庭中儿童的中文发展研究

刘莉 著

新 华 出 版 社

图书在版编目（CIP）数据

美国华裔家庭中儿童的中文发展研究 / 刘莉著. --

北京：新华出版社, 2023.6

ISBN 978-7-5166-6834-4

Ⅰ. ①美… Ⅱ. ①刘… Ⅲ. ①华人—儿童—汉语—语言学习-研究-美国 Ⅳ. ①H19

中国版本图书馆 CIP 数据核字(2023)第 109598 号

美国华裔家庭中儿童的中文发展研究

著　　者：刘　莉

责任编辑：高映霞　　　　　　　　封面设计：瑞天书刊

出版发行：新华出版社

地　　址：北京石景山区京原路 8 号　邮　　编：100040

网　　址：http://www.xinhuapub.com

经　　销：新华书店、新华出版社天猫旗舰店、京东旗舰店及各大网店

购书热线：010—63077122　　　中国新闻书店购书热线：010—63072012

照　　排：刘　祥

印　　刷：济南文达印务有限公司

成品尺寸：170mm×240mm

印　　张：12.5　　　　　　　　　字　　数：200 千字

版　　次：2024 年 5 月第一版　　　印　　次：2024 年 5 月第一次印刷

书　　号：ISBN 978-7-5166-6834-4

定　　价：59.00 元

前　言

　　这项混合方法研究以布迪厄（Bourdieu）的社会、文化、经济和符号资本为理论框架，研究并解释了美国华裔家庭的四种资本形式在其子女的中文语言发展中的作用。本研究采用了混合方法的顺序解释研究设计。在定量阶段使用了便利抽样和滚雪球抽样来招募参与者。研究对象是美国得克萨斯州的家庭中有学龄儿童的华裔移民父母，共收集有效问卷 123 份。在控制儿童和父母的人口统计学变量后，采用层次多元线性回归法分析了华裔移民父母的四种资本资本能在多大程度上预测他们孩子的中文语言发展。研究结果显示，中国移民父母的四种资本形式可以显著预测他们孩子的中文发展水平。其中，文化和符号资本是儿童中文发展的显著预测因素，而经济和社会资本则不是显著素。

　　这项研究包括一个后续的定性研究阶段，利用有目的的抽样调查，从调查样本中获得参与者。本研究从第一阶段完成调查的人中采访了 7 名参与者。本研究在定性阶段调查了华裔父母在对其子女的中文发展投入资本时，所抱有的预期回报。调查结果显示，中国移民父母期望从他们对子女的中文学习的投入中获得有形的经济、文化、社会和符号资本的回报。中国移民父母期望他们的孩子不仅在中国而且在美国都有工作机会。中国移民父母期望他们的孩子能够了解中国的历史和文化，并从中国的发展中获得学术优势。中国移民父母认为，中文发展能使他们的孩子与家人沟通，与中国人交际。中国传统语言的发展可以为他们的孩子带来符号性的资本，如奖励和周围人的认可。定性研究的结果显示，在美国这样一个以英语为主导的社会，儿童最重要的中文环境是由中国移民父母在家里创造的。

目　录

第一章　简介 1

　　研究背景 3

　　问题陈述 5

　　研究目的 6

　　研究问题 7

　　研究意义 7

　　研究的局限性 8

　　术语定义 8

　　研究结构 9

第二章　文献综述 11

　　简介 11

　　理论框架 11

　　家长参与和资本 19

　　语言社会化 32

　　父母的预期回报 34

　　研究方法 37

　　章节总结 43

第三章　方法论 44

　　简介 44

　　研究设计和问题 44

　　研究环境和人口 45

　　参与者 47

　　研究工具 57

　　研究过程 62

　　　数据分析 63

　　　局限性 68

　　　章节总结 68

第四章　研究成果 69

　　　介绍 69

　　　第一个研究问题 69

　　　定量研究阶段总结 75

　　　第二个研究问题 76

　　　定性研究阶段结果 88

　　　讨论 89

　　　章节总结 94

第五章　结论 95

　　　介绍 95

　　　调查结果 95

　　　研究的局限性 96

　　　研究意义 96

　　　研究建议 98

　　　结论 99

参考文献 100

附录（APPENDICES） 116

　　　附录　A　（APPENDIX A） 116

　　　附录　B　（APPENDIX B） 120

　　　附录　C　（APPENDIX C） 125

　　　附录　D　（APPENDIX D） 130

　　　附录　E　（APPENDIX E） 136

　　　附录　F　（APPENDIX F） 137

　　　附录　G　（APPENDIX G） 139

　　　附录　H　（APPENDIX H） 141

　　　附录　I　（APPENDIX I） 145

附录 J （APPENDIX J） 150

附录 K （APPENDIX K） 153

附录 L （APPENDIX L） 156

第一章　简介

　　近年来，在遗产语言发展方面出现了越来越多的学术研究（Kondo-Brown, 2006;Valdés, 2014; Wiley, 2001; Wu, Lee, & Leung, 2014）。本研究考察了华裔父母的资本和他们的孩子在美国背景下的中文语言发展情况。本章的内容包括：研究背景、问题陈述、研究目的、研究问题、研究意义、局限性、术语定义和章节总结。

　　Polinsky（2008）将遗产语言定义为"对个人来说，一种在获得顺序上最早的语言，但由于学习使用另一种主导语言而没有完全掌握"（p.149）。本研究采用了 Polinsky 对遗产语言的定义，因为它不仅强调了遗产语言的发展，还强调了它与社会主流语言的关系，这与本研究的考察是相关的。遗产语言的发展在多元文化社会中非常重要，并被认为是全球市场的一种资产（Park, Tsai, Liu, & Lau, 2012）。

　　在美国这个多元化的社会，遗产语言种类繁多，而且遗产语言的使用者对遗产语言的掌握程度是不同的。Kelleher（2010）指出，有些人具有听、读、说、写的遗产语言能力，有些人只能听和说，而有些人只是遗产语言家族或社区的家庭成员。相比于作为教育系统和社会支持主导语言的英语，遗产语言的使用人群是社会的少数群体，而遗产语言教育仍然主要依赖于移民家庭（Park, 2007）。尤其是亚裔的遗产语言使用人数更少。同时，公立学校对亚裔语言的课程开设不足。根据 Li 和 Wen（2015）的研究，遗产语言教育一直被认为是亚裔自己的事情，在公立学校系统中没有得到支持。Zhang（2012）发现来自亚洲和拉丁美洲的新移民越来越多地进入美国公共生活的各个领域，并将自己的语言带入美国。他们的遗产语言学习开始得到更多关注。

　　在众多亚裔使用的遗产语言中，中文是使用人数最多的语言之一。中文作为亚洲遗产语言之一，有近百种方言，比如广东话和福建话。本研究中的中文是指在美国的华人所使用的标准普通话，也是中国的官方口语和联合国的官方语言之一。虽然有些中国移民讲自己的方言，但大多数人讲普通话，而且他们都用中国教育系统采用的简化中文书写（Li，2005）。来自中国不同地区的移民带来了各种中国的方言，其中普通话在中国移民使用的语言中获得了越来越大的知名度和优势地位，并被选为中国移民传递给下一代的语言。

中文遗产语言研究最近在美国引起了学术界的关注（He & Xiao, 2008; Liu, 2014; Xiao, 2015; Zhang, 2012）。根据美国人口普查局（2016）的数据，华裔人口已达 490 万，是美国最大的亚裔群体。有 330 万 5 岁以上的人在家里说中文。中文是"美国家庭中第三大语言"（Luo, Li, & Li, 2019, p. 102）。在美国，来自中国移民家庭的孩子大约有 44.5 万人（Kondo-Brown, 2006）。然而，在美国的第三代华人中，绝大多数（超过 90 %）只能说英语，这比西班牙裔人会说西班牙语的比例低得多（Chen, Zhou, & Uchikoshi, 2018）。根据 O'Rourke 和 Zhou（2018）的说法，如果年轻的遗产语言学习者失去了他们的遗产语言，那么在工作机会、遗产文化、家庭沟通和关系方面都会造成损失。解决年轻的中文学习者的遗产语言发展问题是当务之急。

本研究采用布迪厄（Bourdieu）（1986；1997）提出的资本理论，调查了中国移民父母不同形式的资本——社会、文化、经济和象征资本，这些资本是可以用于他们的孩子在美国的中文发展的。资本是一个社会学概念，指的是积累的资源，它可以预期产生利润和自我复制（Bourdieu, 1986）。资本的定义被应用于语言学习的环境中，投入学习的资本具有"产生这种语言熟练度的潜力"（Mu, 2014, p. 480）。当成人语言学习者将他们的资本投入到语言学习中以获得语言能力时，他们期望获得社会、文化、经济和象征资本的回报（Norton, 1995）。然而，如果中国移民的孩子还不到 18 岁，那么他们可以投入于自己的中文发展的资本是有限的。如果华裔移民父母有意愿使孩子学习好中文，他们就有必要投入资本来促进子女的中文发展。

英语一直是美国教育系统和社会中的主导语言。在美国，较高的英语水平提高了移民的收入，他们对英语发展的投资产生了高回报（Chiswick & Miller, 1995; Gao & Smyth, 2011）。与此相反，遗产语言教育主要依赖于移民家庭和社区（Park & Sarkar, 2007）。换句话说，年轻学习者的中文发展需要中国移民家长的参与和投资。然而，关于遗产语言发展的回报的研究有限，很多年轻一代对自己的遗产语言的投入不足。例如，O'Rourke 和 Zhou（2018）的调查结果显示，美国高中的遗产语言学习者对遗产语言学习的学术和学习利益没有强烈的信念。

年轻的中文学习者的中国父母认为普通话是他们孩子的财富，因为他们的孩子将来可以获得职业和有优势的职位（Bell, 2013; Mori & Calder, 2017），在全球市场上有优势，并与华人社区等有联系（Mu, 2014; Park & Sarkar, 2007）。中文学习者可以收获"与中国相关的市场能力"和"社会关系网络"（Wu et al.，2014，p.29）。然而，目前缺乏华裔父母将经济、文化、社会和象征资本投入到子女的遗产语言发展的相关研究。

本研究考察了中国移民父母在给其子女的中文发展进行资本投资后，也研究了华裔父母对于他们的孩子学习中文后，在经济、文化、社会和象征资本方面的预期回报。这项研究对帮助中国移民父母和他们的孩子了解中文发展的回报，促进年轻的中文学习者的遗产语言发展有很大作用。研究的背景提供了更多关于中国移民父母、他们的资本投入情况和他们孩子的中文发展的信息。

研究背景

目前，美国的移民人数迅速增长（Oh & Fuligni, 2010）。据估计，在 2005 年，大约有 3600 万人是第一代移民，他们把自己的语言带到了美国（Oh & Fuligni, 2010）。因此，说英语以外的语言的人也成比例增加。其中，中国移民也把他们的传统语言——中文，带到了美国。

第一批移民美国的中国人在 19 世纪 50 年代到达美国，他们中的大多数是贫穷的劳动者（Zhou & Kim, 2001）。1882 年的《排华法案》遏制了中国人对美国的移民。直到 1965 年，中国人才开始大量移民美国（Zhou & Kim, 2001）。中国移民的数量"在 1990 年和 2000 年之间增加了 87 %"

（Kondo-Brown, 2006, p.2）。20世纪80年代后到达美国的大多数讲中文的人，与第一批中国移民相比，受教育程度更高，经济地位更高（Xiao，2015）。在美国，中国移民人口最多的前五个州是加利福尼亚、纽约、夏威夷、得克萨斯和新泽西（美国人口普查局，2000）。

普通话的使用者占中国人口的90％以上（Gao & Smyth, 2011）。虽然有些中国移民会说自己的方言，但他们在中国的教育系统中一直使用简体字书写（Li，2005）。中国快速发展的经济和在世界范围内的文化发展，提高了中国语言的价值，促进了"全球对中文教育的需求"（Ding & Saunders, 2006, p.19）。美国的公立学校开始提供中文教育。根据Chen、Wang和Cai（2010）的统计，2008年美国大约有800所K-12学校提供中文教育，而且大学生的中文课程入学率也急剧上升。虽然中文不仅在美国的K-12学校，而且在大学也得到了普及，但是，中文学校仍然是中文学习者主要的中文教学机构，"在美国，超过70％的中文学习者实际上是在中文学校上课"（Liu, 2014, p.81）。中文学校为美国41个州的中国大陆移民服务（Liu, 2014）。2015年有20万名学生在中国社区学校学习（Xiao, 2015），他们中的大多数学习普通话（He, 2008）。然而，亚裔只占得克萨斯州总人口的5.4％，这其中5岁以上的人口中，只有不到1％会说普通话或粤语（美国人口普查局，2020）。得克萨斯州华人移民的子女接触到华人社区学校和大型华人社区的机会有限。因此，在华裔移民较少的州，华裔儿童主要依靠他们的父母和家庭来促进他们的中文发展。

关于父母对其子女中文发展的资本投入的相关研究缺乏。因此，本研究将父母参与纳入资本的概念。LaRocque、Kleiman和Darling（2011）将家庭参与定义为父母或家庭成员对其子女教育的投资。这种投资可以是经济、社会和文化形式的（LaRocque et al.，2011）。根据Budiyana（2017）的说法，遗产语言从第一代到第二代的传播受到他们父母语言使用的影响。如果父母选择不说他们的遗产语言，他们的孩子就会表现出不愿意使用遗产语言（Budiyana，2017）。父母的支持对中文学习者的中文发展起着决定性的作用（Mu & Dooley, 2015）。

遗产语言技能通常是在学习者年幼时获得的，"投资主要由父母或照顾者进行"（Chiswick & Miller, 1995, p. 248）。由于 18 岁以下的儿童拥有的资本有限，他们在很大程度上依靠父母不同形式的资本来促进他们的中文发展（Mu, 2015）。与加利福尼亚州和纽约州的移民不同，得克萨斯州的中国移民所占比例很小。此外，中国移民开始定居并分散到郊区，在空间上与非西班牙裔白人同化（Skop & Li, 2005）。孩子们越来越难有机会进入华人社区和华人社区学校。因此，在华裔比例较少的州，华裔儿童更需要他们父母的资本来促进他们的中文发展。

问题陈述

以前的研究已经调查了移民父母的态度、动机和他们孩子的遗产语言发展之间的关系（Budiyana, 2017; Nesteruk, 2010; Park & Sarkar, 2007; Zhang & Slaughter-Defoe, 2009）。然而，动机最初作为一个心理学术语并没有解释为什么语言学习者有学习的动机，却依然对他们的遗产语言学习没有进行足够的投资（Norton, 2000）。此外，尽管对自己的遗产语言持积极态度，但很大一部分移民父母仍然没有有效地促进其子女的遗产语言发展（Mori & Calder,2017）。

在遗产语言的习得中需要家长的参与（Budiyana，2017；Kang，2012；Melo-Pfeifer，2015；Mori & Calder，2017）。研究表明，在家庭中使用遗产语言对儿童的遗产语言发展至关重要（Mori & Calder, 2017; Mu & Dooley, 2015; Melo-Pfeifer, 2015; Park, 2013）。父母利用经济和文化资源来促进孩子遗产语言的发展（Kang，2012；King, Fogle, & Logan-Terry，2008；Kwon，2017；Law，2015；Melo-Pfeifer，2015；Park，2013）。研究结果还显示，资本影响了成年学习者遗产语言的发展（Mu，2014；Velázquez，2013）。然而，关于中国移民父母以不同形式的资本投入到他们孩子的中文发展中的研究却很少。

较早的研究考察了父母不同形式的资本与其子女英语发展之间的关系，也有研究支持社会和文化资本影响英语作为外语背景下的习得情况（Pishghadam, Noghani, & Zabihi, 2011; Khodadady, Pishghadam, & Alaee, 2012; Piri, Pishghadam, Dixon, & Rasekh, 2018）。而遗产语言由于使用人数少，关于中国移民父母的资本与其子女的遗产语言发展之间的关系，研究有限。

家庭和父母在社会资本的发展中发挥了重要作用（Piri et al.，2018）。父母也是子女语言发展的经济和文化资本的主要提供者（Pishghadam et al.，2011）。父母如何将他们的资本投入到孩子的遗产语言发展中，影响了孩子积极学习环境的构建（Li，2007）。Mu（2014）研究了澳大利亚成年中文学习者的中文水平，发现他们的中文发展受到文化、社会和象征资本的显著影响，而经济资本对其中文发展没有显著影响。然而，18 岁以下的儿童可以投入到他们的中文发展中的资本有限。我们需要进一步的研究来探讨在美国背景下，中国移民父母的资本和他们子女的中文发展之间的关系。

根据 Mu（2014）的说法，当成年学习者将他们的资本投入到中文发展中时，他们期望获得物质资源、有利的工作机会、在全球市场上的优势以及与中国社区的联系。中国移民的父母认为普通话对他们的孩子在未来的事业上有好处（Bell，2013）。父母希望他们的孩子能够进入中国的经济市场和中国的社会关系网络（Wu et al.，2014）。在英国的中国移民父母希望他们的孩子能够获得更多信息，可以在中国的经济市场上获得更多的工作机会，并融入中国文化（Hua & Wei, 2016）。目前的研究补充了美国这个领域的相关研究。

综上所述，有三个研究领域需要进一步探索。首先，需要研究中国移民父母在其子女的中文发展中可以投入的不同形式的资本。第二，需要通过研究中国移民父母的社会、文化、经济和象征资本来预测他们子女的中文发展情况。第三，需要进行更多的研究来探讨中国移民父母对其子女在美国的中文发展所投入的资本的预期回报。

研究目的

这项混合方法研究的目的首先是研究中国移民父母的社会、文化、经济和象征资本在定量阶段如何能预测他们孩子的中文发展。参与者是在美国有 18 岁以下子女的中国移民父母。在后续的定性阶段，我们进行了访谈，以研究中国移民父母在把资本投入到子女的中文发展中时，他们在经济、文化、社会和象征资本方面的预期回报。

研究问题

基于对文献的回顾，本研究以下列研究问题为指导。

（1）中国移民父母的社会、文化、经济和象征资本能在多大程度上预测其子女的中文发展？

（2）从社会、文化、经济和象征资本的角度来看，中国移民父母对其子女的中文发展所投入的资本的预期回报是什么？

研究意义

本研究采用混合方法研究设计，调查了中国移民父母的社会、文化、经济和象征资本如何能预测他们的子女在美国的中文发展。首先，本研究可以补充美国背景下的相关研究。其次，本研究有助于在美国的中国移民父母了解哪种形式的资本可以对其子女的中文发展产生重大影响。因此，中国移民父母可以增加或调整他们可以投入于孩子的中文学习的资本，以促进他们孩子的中文发展。

这项研究可以为教育工作者提供一个关于华裔移民家长对其子女的中文发展的投资的观点。它可以使从业者和管理者了解华裔移民家长在孩子的遗产语言发展方面面临的困难和挑战，从而能更有效地实现家长和学校的合作。此外，政策制定者可以在学校系统中提供政策和教育支持，帮助年轻的中文学习者发展他们的遗产语言。

研究的局限性

尽管研究者精心准备了这项研究，但仍有一些局限性需要考虑。首先，本研究为非实验性研究，在定量阶段采用了便利抽样而非随机抽样，所以没有得出因果关系的结论。第二，本研究在得克萨斯州招募参与者，样本有限，这限制了研究结果对其他州的中国移民父母或其他国家的中国移民父母的可推广性。第三，定性阶段的受访者人数不多，这也降低了研究结果的可推广性。

术语定义

本研究中使用的定义如下。

双语教育：是"一个总括性术语"，指的是"任何在课程中使用一种以上的语言来教授非语言学术科目，或者学校教育的语言与家庭或社区的语言不一致的学校项目"（Bialystok，2018，p. 667）。

资本：是一个社会学概念，指的是有可能产生利润的商品或资源（Bourdieu，1986）。

中国传统语言：指的是美国大多数华人使用的标准普通话，它也是中国的官方语言和使用最多的语言，也是联合国的官方语言之一（Li，2005）。

文化资本：由知识、技能和教育的形式组成。Bourdieu（1986）将三种文化资本概念化：内含的、具现的和制度化的。

经济资本：指的是可以"立即直接转化为货币的资源，并可能以产权的形式被制度化"（Bourdieu，1986，p.243）。

传统语言：指的是"一种对个人来说是最先获得，但由于转而使用另一种主导语言而没有完全获得的语言"（Polinsky，2008，p.149）。

遗产语言学习者：指的是"在使用英语以外的语言的家庭中长大的人，他们在某种程度上是英语和遗产语言的双语者"（Valdés，2014，p.38）。

遗产语言学校：是教授遗产语言的学校。遗产语言学校"通常由当地社区成员经营"（Li，2005，p.198），他们有兴趣保持自己的家乡语言。"大多数中文学校都是由有兴趣保持其家乡语言和文化传统的家长组织和经营的"（Li，2005，p.198）。

投资：Norton（2000）将其定义为"学习者与目标语言在社会和历史上构建的关系，以及他们学习和练习目标语言往往是矛盾的愿望"（p.10）。投资是一种社会学的建构，是一个用来扩展动机的概念（Norton，2000）。

普通话：指的是在中国大多数中国人使用的语言。普通话的发音和语法与中国北方地区的语音有关，"几个世纪以来一直享有政治和文化意义"（He，2008，p.3）。

父母参与：被认为是"一种社会资本的形式。父母将他们的时间、注意力和资源投入到他们的孩子身上，并期望得到回报，即他们的孩子在学校的表现会更好"（McNeal Jr，2014，p. 565）。

社会资本：是指"一个人或一个团体由于拥有或多或少的制度化的相互认识和认可的持久关系网络而获得的实际或虚拟的资源总和"（Bourdieu & Wacquant，1992，p.119）。

象征资本：指的是"任何财产（任何形式的资本，无论是物质的、经济的、文化的还是社会的），当它被具有感知类别的社会代理人所感知时，这使得他们认识它、承认它，赋予它价值"（Bourdieu，1998，p.47）。

研究结构

学位论文分五章介绍。第一章包括研究的背景资料、目的声明、研究问题和研究的意义，随后是术语的定义和研究的组织。第二章回顾了以往的研究，介绍了理论框架，并对以下的小标题进行了研究——投资和资本、社会资本、文化资本、经济和象征资本、父母参与和资本、社会化、父母从孩子的遗产语言学习中获得的预期回报，随后是本章的总结。

第三章从研究设计和问题开始，并描述了参与者及其人口统计学信息，随后是对工具的描述、可靠性和有效性、数据收集和数据分析以及本章的总结。第四章涉及定量阶段和定性阶段的发现和结果。第四章解释了为什么中国移民父母的文化和象征资本是儿童中文发展的重要预测因素，而经济和社会则不是重要的预测因素。第四章还论述了中文环境对中国移民父母子女的重要性。第五章提供了研究建议、意义和研究结论。

第二章　文献综述

简介

　　本章介绍了本研究的文献综述。本研究基于由 Bourdieu（1986）提出的资本理论，以研究中国移民父母的资本和他们子女的中文遗产语言发展之间的关系。为了全面了解中国移民父母对其子女中文发展的资本投入，本研究将父母的参与和社会化纳入研究范围。父母在子女遗产语言发展中的参与和社会化可以被解释为不同形式的资本（Mu，2015）。例如，McNeal Jr（2014）认为父母参与是社会资本的一种形式。

　　当父母把他们的资本投入到孩子的语言发展中时，他们有从他们投入的资本中获得回报的期望（McNeal Jr, 2014）。本研究还包括关于父母从子女的遗产语言发展中获得经济、文化、社会和象征资本的预期回报的研究。本章包括理论框架、父母参与和资本、社会化、父母的预期回报等内容，随后是研究框架和章节总结。

理论框架

　　法国社会学家和人类学家皮埃尔·布迪厄（Pierre Felix Bourdieu）提出了资本的定义。资本是一个社会学概念，指的是有可能产生利润的商品或资源（Bourdieu, 1986）。本研究使用了四种形式的资本，即经济资本、社会资本、文化资本和象征资本（Bourdieu, 1986）。当父母把他们不同形式的资本投入到他们孩子的遗产语言发展中时，他们期望他们的投资能在经济、社会、文化和象征资本方面产生有形的回报（Bourdieu, 1986）。在这项研究中，会研究这四种形式的资本与中文发展的联系。

资本和投资

经济资本是指可以"立即直接转化为货币的资源，并且可以以产权的形式制度化"（Bourdieu, 1986, p.243）。经济资本是文化和社会资本的基础（Bourdieu, 1986）。社会资本是指"一个人或一个团体由于拥有一个持久的、或多或少的制度化的相互认识和认可的关系网络而获得的实际或虚拟的资源总和"（Bourdieu & Wacquant, 1992, p.119）。Bourdieu 认为社会关系网络是人们积极维护的资源获取方式（Lee & Bowen, 2006）。社会资本关注的是个人的社会关系网络，比如他们在社区中的熟人以及在社会关系网络中对社会活动的参与（Bourdieu, 1986）。文化资本也是一种可以投资于语言发展的重要资本。

文化资本包括知识、技能和教育。不同形式的资本由不同的构造组成。例如，Bourdieu（1986）将三种文化资本概念化：内化、具现和制度化（embodied, objectified and institutionalized）。内化的文化资本包括关于心智和性格相关的文化偏好的永久和固有的特质，可以在拥有更多文化资本的家庭中积累，例如对教育重要性的态度。具现的文化资本指的是可以转让给继承人的文化产品，如音乐、文学和艺术等。制度化的文化资本是"文化资本的正式认可"（Bourdieu,1994, p.82），如"学术证书和教育资格"（Monkman, Ronald & Théramène, 2005, p.11）。为儿童积累不同形式的文化资本的主要是家庭（Bourdieu,1986; Koustourakis, Asimaki, & Spiliopoulou, 2018; Rodríguez-García, Solana-Solana, Ortiz-Guitart, & Freedman, 2018）。移民父母不仅可以利用文化资本，还可以利用象征资本来促进年轻学习者的遗产语言发展。

象征资本是指"任何财产（任何形式的资本，无论是物质的、经济的、文化的还是社会的），当它被具有不同感知类别的社会主体感知时，这些社会主体就会认识它、承认它，赋予它价值"（Bourdieu, 1998, p. 47）。象征资本包括可以通过其他人的认可而积累的资源，如荣誉、名声和名誉（Mu, 2015）。

拥有资本的中国移民父母需要将他们的资本投入到孩子的中文发展中，以促进孩子的中文发展。

Norton（2000）提出了"投资"的概念，这是一个扩展动机概念的社会学建构。基于 Bourdieu 的研究，Norton 使用投资来展示学习者和目标语言之间的社会和历史关系，并解释他们对学习和使用目标语言的未知愿望（Norton & Gao，2008）。投资的概念"解释了中国传统语言学习者对中文学习的与他投入和他在生活的社会世界中想象的未来的关系"（Mu，2014，p.87）。所用的投资概念"说明了中文遗产语言学习者对中文学习的投入与他们在真实社会中想象的未来有关"（Mu, 2014, p. 487）。Vera et al.（2012）认为，父母的社会和文化背景会影响他们利用其社会和文化资源的方式。为了补充投资的概念，Norton 又引入了 Bourdieu 的资本理论，并把这一理论用于社会语言学的研究中。

在这项研究中，利用中国移民父母的投资和资本，从社会学的角度来研究他们孩子的中文发展。当遗产语言学习者将他们的资本投入到他们的遗产语言发展中时，他们期望可以熟练使用语言，并希望以此获得更多的资源作为回报（Bourdieu,1986）。学龄段的中文学习者没有积累足够的社会、文化、经济和象征资本来投资他们的遗产语言学习。因此，年轻的中文学习者要依靠父母的资本来促进他们的遗产语言发展，特别是当他们的遗产语言没有在公立学校系统中被教授和使用时。下面的章节中将分别解释经济资本、社会资本、文化资本和象征资本。

经济资本

经济资本是指物质资源和财富，它是社会和文化资本的基础（Bourdieu,1994）。例如，家中的中文阅读、视听材料是物化的文化资本。然而，华裔父母需要购买这些教材来促进他们孩子的中文学习（Zhang & Slaughter-Defoe,2009）。华裔父母也会带着他们的孩子回中国探亲，让他们在很小的时候就接触到中文，并让他们在中国社会中进行社交。这些经历可以帮助孩子成为熟练的中文使用者（Mu，2014）。到中国度假是文化资本的一种形式，但父母需要有能力负担这笔费用，这就需要依赖父母的经济资本。华裔父母的经济资本为其子女的中文发展奠定了基础。

华裔父母会为他们的孩子的中文发展投入经济资本。例如，中国移民的父母把他们的孩子送到美国的中国语言学校进行学习，同时也会为中国语言学校提供财政支持（Li，2005）。例如，中文学校会从拥有大量中国雇员的公司获得财政资源（Li，2005）。我们有理由得出结论，中国移民父母的经济资本在他们的子女的中文发展中是不可或缺的。

Hua 和 Wei（2016）进行了一项定性研究，考察了英国的三个华人家庭。研究结果显示，学会普通话被认为是一种优势。当父母投资于子女的遗产语言学习时，父母期望他们的子女能够接触到中国市场或者在中国企业找到工作。他们的孩子也可以接触到中国的社交网络，获得信息并融入中国文化（Hua & Wei, 2016）。换句话说，当父母投资其子女的中文发展时，他们期望从他们的资本投资中获得经济和社会回报。

社会资本

社会资本是 20 世纪 80 年代提出的一个社会学概念（Eloire，2015）。Bourdieu（1997）提出，社会资本不仅是个人的属性，也是社会群体的属性，可以通过个人的社会关系网络获得。Eloire（2015）提出，社会资本可以通过社会关系网络分析来实证测量。Velázquez（2013）指出，可以利用社会资本的概念来了解个人的社会关系网络对使用和传播遗产语言的态度有什么影响。

Rogošić 和 Baranović（2016）解释说，各种研究支持这一观点，那就是社会资本对个人的教育成就有积极影响，这些研究通常基于 Bourdieu（1986）提出的理论。实证研究表明，父母的社会资本可以促进其子女的教育成就（Rogošić & Baranović，2016）和遗产语言学习（Velázquez，2013）。

父母的社会经济背景会影响他们的孩子获得社会资本（Behtoui & Neergaard，2016）。Behtoui 和 Neergaard（2016）进行了一项定量研究，考察了瑞典年轻人参与社会组织和社会关系网络产生的社会资本，以及他们父母的资源。该研究考察了这些形式的社会资本是否影响年轻人的教育成就。结果显示，父母的社会经济条件主要预测了儿童获得社会资本的情况，而儿童获得社会资本的情况则影响了他们的教育成就。Von Otter 和 Stenberg（2015）的研究也得出了类似的结果。他们研究了 1953 年在瑞典出生的儿童的调查数据，发现父母的社会资本对儿童的教育成就有积极影响。

在德国，Strobel（2016）采用随机抽样的方式，在普通学校中招募了父母使用不同语言的九年级学生。这项研究采用了线性回归模型来研究父母的社会资本和孩子的数学能力之间的关系。研究结果显示，遗产语言对教育程度较高的家庭的孩子有更有利的影响。Zhang（2012）在她的定性研究中也发现，在美国，社会经济地位高的普通话使用者比社会经济地位低的福建人更受益于中国传统语言。父母的社会和文化背景影响了他们的孩子利用社会和文化资源的方式。

父母在子女遗产语言发展中的社会资本也有必要进行研究，因为社会资本也影响着移民家庭的遗产语言传承。Velázquez（2013）研究了得克萨斯州埃尔帕索市三个社区的 15 个墨西哥裔家庭的西班牙语传播和父母的社交网络。研究结果显示，无论社会地位如何，美籍墨西哥人的社会关系网络对遗产语言的传播产生了积极的影响，而母亲的关系网络为他们的孩子提供了支持和使用西班牙语的社会环境。

在埃尔帕索的社会关系网络中，成年人的互动模式影响了孩子们对家庭语言的社会化机会，以及孩子们通过遗产语言的社会化社交过程（Velázquez，2013）。研究人员在研究社会资本时，考虑经济资本是很重要的。正如 Bourdieu（1986）所提出的，社会资本与经济和文化资本是相互依赖的。文化资本将在下一节进行考察。

文化资本

Bourdieu（1986）将文化资本的三种形式概念化，即内化的、具现的和制度化的文化资本，用来衡量文化资本。文化资本在某种程度上也取决于人们的经济资本（Beel & Wallace，2018）。内化的文化资本可以通过文化偏好来衡量，比如对教育重要性的态度，而具现化的文化资本则被操作为可转移给继承人的文化产品，比如参观博物馆的次数和家中拥有的书籍（Bourdieu，1994）。

根据 Sullivan（2001）的理论，父母的教育水平被用作"文化资本的代理"（p.896）。这被 Bourdieu（1994）认为是制度化文化资本的一种形式。家庭促进了儿童读写能力的发展，支持并维护儿童的母语和文化（Anderson, Anderson, & Sadiq, 2017; Vera et al，2012）。例如，母亲的教育与孩子的语言发展密切相关（Hoff，2006；Hoff, Laursen, & Bridges, 2012；Huttenlocher, Waterfall, Vasilyeva, Vevea, & Hedges, 2010）。父母的教育水平可以被看作是制度化的文化资本。

儿童在家中的文化体验可以促进他们在学校的互动，影响他们的教育成就（Koustourakis et al.，2018）。儿童可以将"文化资源转化为文化资本"，为他们带来好处（Monkman, et al., 2005, p.10）。语言学习者可以利用家庭中的文化资本来提高他们的语言学习。父母的制度化文化资本影响了他们允许孩子参与的文化活动（Koustourakis et al.，2018）。

Koustourakis et al.（2018）在希腊进行了一项混合方法研究。他们比较了本土家庭和移民家庭中小学生所经历的文化活动和事件。研究结果显示，父母的不同类型的文化资本影响了他们孩子的文化活动和教育成就。研究结果还显示，本土和移民学生的文化活动的频率和内容是不同的，这与他们父母的教育学历证书有关，而教育学历证书是一种制度化的文化资本形式。在本土和移民家庭中，拥有较高学历的希腊本土父母比没有大学学历的父母更重视与子女的文化活动。而他们的子女又可以通过这些文化实践积累文化资本。不能传递给他们子女的制度化的文化资本实际上在他们子女的文化活动的具体选择上起到了重要的作用。

相关研究还采用了定量和定性研究方法来研究父母的文化资本对其子女教育成就的影响。Jaeger（2011）进行了一项定量研究，考察了文化资本对 6~14 岁儿童学业成就的因果效应，同时解决了未观察到的个体内部和家庭内部效应。研究结果显示，文化资本影响了儿童的学业成就；然而，在这项研究中，文化资本对学业成就的影响比之前的研究结果要弱。因此，学业成就并不简单地取决于文化资本的数量，而是取决于某些类型的文化资本，这些文化资本在某些环境中可以产生最高的回报。

父母的经济资本对父母的文化资本在子女教育中的作用有影响。根据

Thirutnurthy、Kirylo 和 Ciabattari（2010）的研究，中产阶级的父母拥有经济、社会、文化和象征资本，与来自工人阶级的父母相比，这些资本可以影响他们孩子的教育成就。经济、社会、文化和象征资本的差距影响了父母对子女教育的参与，并导致了这些孩子之间的不平等。

同样，Lee 和 Bowen（2006）根据文化资本理论，研究了美国不同社会背景和不同社会经济地位的父母的参与程度与他们的孩子的学术成就之间的相关性。定量数据和分析表明，父母教育水平较高或经济条件较好的儿童有较高的学术成就。

还有一些研究是在其他国家和环境下进行的，探讨了父母的文化资本与子女学业成就之间的关系（Kraaykamp & Notten，2016；Sullivan，2001）。Sullivan（2001）在英国进行了一项定量研究，考察父母的文化资本与子女高中学业成就之间的关系。研究结果显示，父母的文化资本与社会阶层有关，而且这种资本还可以传递给他们的孩子。父母的文化资本对其子女的学业成绩有很大的影响。

Kraaykamp 和 Notten（2016）在荷兰进行了一项研究调查，考察了父母的文化资本和媒体参与对其子女教育成就的影响。结果显示，父母在家中的阅读指导和父母的媒体社交，可以作为文化资本继承下来，对孩子的教育成就是有利的。对文化场所的参观逐渐失去了对其子女教育成就的优势。调查结果还显示，父母的媒体能力在孩子的教育成就中发挥了重要作用。

虽然关于文化资本对遗产语言发展的影响的研究很少，但 Xiao（2008）在美国进行的研究发现，家里缺乏中文书籍和阅读材料，这些可以被视为客观的文化资本，阻碍了他们孩子的中文学习。结果表明，家里的文化资本对儿童的中文学习是有益的。学龄期的中文学习者的社会和文化资本非常有限。此外，中文学习者在美国学习中文时，很少听到和使用中文，所以他们更依赖父母的资本来发展他们的中文水平。

象征资本

象征资本包括可以通过他人的认可而积累的资源，如荣誉、名声、名誉等（Mu，2015）。例如，中文被认为是象征资本，在国际就业市场上很有价值（Mu，2015）。Mu（2014）在他的定量研究中发现，象征资本是可以预测澳大利亚成人中文学习者的中文熟练程度的因素之一。它也有利于中文学习，因为成年中文学习者可以从中文学习中获得荣誉、自豪感和奖励。

关于象征资本对儿童遗产语言发展的贡献，研究非常有限。Mu（2014）采访了学习中文的成年澳大利亚华人，其中一位名叫亚当的受访者说，他的中文得到了中国人的认可，所以他感到很自豪。另一位受访者说，当她的中文被同龄人或朋友称赞时，或者当她凭借中文能力赢得奖学金时，她受到了鼓励。这些赞美、认可和奖励可以被认为是象征资本（Bourdieu, 1986）。

例如，Zhang（2009）进行了一项定性研究，采访了在美国的华裔儿童，调查他们对中文的学习情况。其中一个参与者投资于他的中文学习，并赢得了中文良好的声誉，根据 Bourdieu（1986）的相关理论，这可以被理解为象征资本。第二个孩子，琳达，在中文社区学校上学并致力于中文学习，她赢得了中文比赛的奖项，这也可以被解释为象征资本。中国移民父母可以将他们的象征资本投入到他们孩子的中文学习中，这可以帮助他们的孩子获得象征资本。

资本与中文语言发展

在美国背景下，关于中国移民父母不同形式的资本与他们的子女的中文学习发展之间的关系的研究是有限的。以下由 Mu（2014）进行的研究集中在澳大利亚成年中文学习者的资本与他们中文水平的关系。Mu（2014）进行了一项混合方法研究，探讨了澳大利亚成年华人对中国传统语言学习的投入。Mu 的研究采用了后结构主义的投资概念和社会学的资本概念来研究成年中文学习者的语言能力和他们在中文学习中投入的资本所产生的回报之间的关系。在定量部分，来自 18 至 35 岁的澳大利亚华人的研究结果表明，他们的遗产语言能力受到文化资本、社会资本和象征资本以及移民年龄和家庭语言使用的显著影响，而经济资本对他们的遗产语言能力没有显著影响。

在定性部分，研究者采访了五位参与者，以考察中文学习者从其语言能力中获得的收益。调查结果显示，所有参与者都认为中文水平是经济资本，尤其是在劳动力市场上。中文的学习使他们能够获得中国文化资源。中文也有利于他们的社会生活，如家庭沟通和建立友谊。此外，来自他人的认可可以被认为是一种象征资本，有利于他们的中文学习。

本研究的参与者是澳大利亚背景下的成年中文学习者。然而，在英语国家的第二代中国儿童正在失去他们的遗产语言（Mu，2014）。学龄儿童的资本有限，所以移民父母的资本是他们孩子学习遗产语言的主要资本（Brown，2011）。中国移民父母可以为他们的孩子提供经济、社会和文化资源，以促进中文发展。这些资源增加了资本的价值（Norton，2000），并且可以被概念化为不同形式的资本（Mu, 2014）。

在这一节中，我们认识了社会、文化、经济和象征资本，以表明父母的资本有助于预测其子女的遗产语言发展。下一节将讨论父母的参与，这可被视为社会资本的一种形式（McNeal Jr, 2014）。家长参与使我们能够更全面地理解资本。此外，某些类型的家长参与可以被解释为文化资本（Bourdieu, 1994）。下一节将解释父母参与和资本。

家长参与和资本

父母参与子女教育的重要性已在不同的研究中得到认可（Baird，2015；Đurišić & Bunijevac，2017；Manz, Fantuzzo, & Power，2004；Nam & Park，2014；Vera et al.，2012）。Manz、Fantuzzo 和 Power（2004）认为，"家庭参与儿童教育是学业成功的根本"（p. 461）。同样，Đurišić 和 Bunijevac（2017）也表示，"教育者和家长在学生的教育成功中发挥着主要作用"（p.139）。Baird（2015）也承认，家长参与在儿童教育中发挥着重要作用。同样，"不让一个孩子掉队"（2002 年）强调家长参与可以提高英语学习者的英语水平，可以促进英语学习者的学术和语言发展（Harper & Pelletier, 2010）。家长和社区的参与也被认为是双语教育的一种资源（Feinberg, 2002）。在美国，家长和社区的支持和参与可以对双语教育项目的成功产生影响（Gottlieb & Nguyen, 2007）。

Hill, Castellino, Lansford, Nowlin, Dodge, Bates, and Pettit（2004）将父母的参与定义为他们在与孩子和学校一起工作时对孩子的学业成果的付出。LaRocque、Kleiman 和 Darling（2011）将家庭参与定义为父母或家庭成员对其子女教育的投资。这两个定义都强调了父母的投资和付出，这与本文献综述一致。

Wilder（2014）将父母的参与定义为父母参与孩子的经历和教育过程。他指出了父母教育的主要组成部分，如孩子和父母之间关于学校的沟通、家庭作业辅导、父母的教育期望、父母参与学校活动的情况。Wilder（2014）提出的这些与 Epstein 等人提出的父母参与类型重合（2018）。

Joyce Epstein 是家长参与这类研究的主要研究人员之一。Epstein et al.（2018）提出了关于父母参与的有影响力的框架，包括沟通、养育子女、志愿者工作、决策、在家学习和社区协作。这六种类型更重视父母、教育工作者和社区之间的合作，以促进学术成就和社会关系的发展。他们认为，养育子女应该为孩子的学习提供有利的家庭环境。沟通是指家长与教育工作者以及学校工作人员之间的定期沟通。家长可以在课堂上支持和协助各种活动。父母也可以在家里提供机会来提高孩子的学习水平。家长可以为学校政策的制定做出贡献，并参与社区活动来支持学校。

Hilado、Kallemeyn 和 Phillips（2013）进行了一项定性研究，以检验参与者对父母参与的理解。他们报告说，教师和家长之间的会议、儿童教育项目和课堂辅助，这些都是低水平家长参与。也有高水平的家长参与，例如他们在家里和学校支持儿童的时间和努力，以及父母参与社区社交网络。研究结果还显示，对父母的参与有广义和狭义的定义。狭义定义指的是家长参与与教师的会议、教育项目和课堂志愿者工作。广义的定义是指在家里、在学校和在社区支持子女的活动。

根据 Nam 和 Park（2014）的研究，移民儿童的学业成绩与父母对受教育程度、识字能力和社会经济地位的期望有关。Nam 和 Park（2014）进行了一项定量研究，研究了三种类型的父母参与形式。他们发现，移民母亲的教育水平不仅与学业成就，而且与孩子的母语呈正相关。在对 31 项研究的回顾中，Baird（2015）发现，可观察到的父母参与包括参加学校活动、父母和学校之间的沟通、家庭作业协助以及父母向孩子阅读。父母在家里给予孩子的关注和支持可以促进孩子的学业成就。母亲的教育水平与孩子的早期教育成就有关（Nord, Lennon, Liu, & Chandler, 2000）。

家长参与对儿童的学校表现至关重要（Manz 等人，2004；Chung，2013）。基于家庭的家长参与包括家庭成员在家里和社区创造的学习机会（Manz et al.，2004）。Hilado、Kallemeyn 和 Phillips（2013）进行了一项定性研究，考察参与者对家长参与的理解。高水平的父母参与可以是在家庭和学校支持孩子所付出的时间和努力，以及父母参与社区关系网络。家长出于对孩子的期望，参与了对孩子的教育（Chung，2013；Wilder，2014），以及家庭作业的监督和帮助（Vera et al.，2012）。

中国父母有重视孩子学习的传统，并以重视孩子的学业成就而闻名。例如，很大一部分中国移民到美国是为了给他们的孩子提供更好的教育机会。Anicama、Zhou 和 Ly（2018）认识到，在美国的中国父母"对孩子的学业成功有更高的期待和期望"（p.575）。

Anicama et al.（2018）将家长的参与分为家庭参与和学校参与。在美国，中国家长参与中小学的学校活动较少，因为教师处于权威地位，而家长对中国文化的干预较少。如果移民父母不精通英语或受教育水平较低，他们可能难以与教师进行沟通，这将阻碍他们参与学校活动。他们进行了一项定量研究，并对移民家庭中的 258 名小学生及其中国父母进行了调查。研究结果显示，中国移民父母参与教师而不是父母报告的学校活动与孩子的英语阅读结果呈正相关。研究结果还表明，这些父母的中国传统文化或语言维护并不会妨碍他们的学校参与。相反，是父母的文化适应影响了他们参与他们孩子的学校。低水平的社会和经济地位对他们进入学校产生了负面影响。

Huang、Gove、Kolosionek 和 Lam（2018）进行了一项定性研究，研究了美国中国父母的养育方式与子女的学业成果之间的关系。结果表明，中国父母积极满足孩子的学业期望和学习需求，也对学业和社会兴趣做出反应，促进了孩子的学业成绩。中国移民父母对孩子的学业成绩期望较高，可以促进孩子的学业成绩（Huang et al.，2018），但他们参与学校活动较少，这与孩子的英语表现有关（Anicama et al.，2018）。他们在家里给孩子们读书，以促进他们的孩子读写能力的发展。此外，中国传统语言的保留并没有妨碍家长在学校的参与（Uchikoshi & Maniates, 2010）。

以下研究表明，父母的参与对其子女的学习成绩产生了积极影响。Kim等人（2018）表示，所有种族的父母都认为参与孩子的教育很重要。父母的参与可以促进所有年龄段的孩子的出勤率、成绩和积极态度（Chung, 2013）。父母的参与有利于他们孩子的学习成绩（Manz et al., 2004；Vera et al., 2012；Chung, 2013；Toldson & Lemmons, 2013；Wilder, 2014；Dotterer & Wehrspann, 2016），这是一个影响孩子学习成绩的基本因素（Chung, 2013）。例如，Toldson和 Lemmons（2013）研究了与儿童在学校的学业成功有关的因素，包括不同种族群体的社会人口统计和养育方式。研究结果显示，父母的高参与度与他们的孩子优秀的学习成绩有关（Manz et al., 2004）。父母参与子女的学术教育有不同的形式。

首先，父母的态度和对子女教育成就的渴望可以是父母参与的一种类型（Chung, 2013），这可以被认为是一种文化资本（Bourdieu, 1994）。家长的期望与他们对孩子的教育投资有关。Vera 等人（2012）进行了一项研究调查，考察了 239 名来自不同文化背景的移民家长。他们中的大多数是墨西哥移民，其子女在美国上小学。对孩子的教育投入最多的父母是那些对孩子有很高期望，并致力于监督孩子家庭生活的父母。结果还表明，家庭作业的监督和帮助是最常见的家长参与类型，而利用社区资源是使用最少的参与类型（Vera et al., 2012）。

其次，研究也证明，父母的受教育水平对孩子的学业成绩也会产生影响，这可以被视为制度化的文化资本（Bourdieu, 1994）。Nam 和 Park（2014）发现，美国移民儿童的学业表现与父母的参与有关。他们还发现，母亲的教育水平不仅与孩子的学业成绩正相关，也与孩子的家庭语言发展正相关。Vera等人（2012）的研究也支持这一点，该研究显示，英语或母语文化程度较高的父母会更多地参与家庭识字教育。他们还发现，父母的教育水平可以预测他们对社区资源的利用情况。教育水平高的父母对社区资源的利用率更高。

第三，父母可以利用他们的文化和社会资源参与到孩子的教育中。Baird（2015）进行了一项元分析，研究了讲西班牙语的父母对其子女的学校表现的参与情况。研究结果显示，家庭文化对孩子的入学准备有很大影响。与其他族裔相比，亚裔父母是在学校活动中参与最少的族裔，但他们在家中积极参与子女的学业成绩（Kim et al.，2018）。Chung（2013）进行了一项案例研究，考察了美国六位韩国母亲对孩子学习的参与情况。研究结果显示，韩国母亲运用她们的文化和社会资源参与学校活动，帮助她们孩子的学业发展。

　　中国的父母对其子女的教育投入了不同种类的资源。在孩子的学习成绩方面，家长的参与不应该被回避。华裔父母不仅对子女的学业成功抱有期望，而且也会参与子女的学习（Anicama, Zhou, & Ly, 2018; Huang, Gove, Kolosionek, & Lam, 2018; Uchikoshi & Maniates, 2010）。中国移民父母重视孩子在家里的英语和学术学习，并在家里促进孩子的读写能力发展（Huang et al.，2018；Ng，Sze，Tamis-LeMonda，& Ruble，2017；Uchikoshi & Maniates，2010）。但是，与其他种族群体如西班牙裔相比，中国移民的孩子失去中文能力的速度更快（Chen, Zhou, & Uchikoshi, 2018）。移民父母对其子女遗产语言发展的参与将在下一节进行研究。

遗产语言发展

　　遗产语言从第一代到第二代的传播受到了父母语言使用的影响（Budiyana，2017）。Seals 和 Peyton（2017）表示，在美国这样的英语主导型社会，儿童可能会停止学习他们的遗产语言，而致力于英语学习。他们的遗产语言学习既不被认可，学校系统也不支持他们的语言发展。如果他们的父母很少参与遗产语言的学习，就会出现遗产语言的流失。例如，在美国讲西班牙语的儿童可以在家庭的帮助下提高他们的西班牙语水平。遗产语言的维护更依赖于家庭的支持（Duursman, Romero-Contreas, Szuber, Proctor, Snow, & August, 2007）。

　　Escamilla et al.（2014 年）认为"双语和双语能力受到重视，被认为对个人、社区以及国家的经济和文化未来都是有利的"（p.1）。Spies, Lara-Alecio, Tong, Irby, Garza, and Huerta（2018）认为母语是"双语教育项目的基础组成部分"（p.517）。根据 Brown（2011）的说法，移民父母是子女学习遗产语言的主要资源，因为父母是子女最先接触的人。父母的参与被认为是维护遗产语言的最重要因素。来自东亚的移民对支持并维护他们的遗产语言持有强烈的愿望，这可以从越来越多的遗产语言学校中得到证明（Kwon, 2017）。然而，在美国的学校系统中，他们的遗产语言并没有得到充分的支持。

如果父母选择不说他们的遗产语言，他们的孩子就会表现出不愿意使用遗产语言（Budiyana，2017；García, Zakharia, & Otcu，2013）。移民父母认为他们的遗产语言是一种资产，可以给他们的孩子带来更多的职业和教育机会（Kwon, 2017）。遗产语言的丧失对儿童在学校的学业成就产生了负面影响。同时，遗产语言的丧失损害了父母与子女之间的沟通。父母和孩子之间的语言差距也破坏了家庭关系（Park, 2013）。移民父母采用各种方法和策略来保持他们的遗产语言。

首先，年轻的遗产语言学习者的父母为他们的孩子提供了一个遗产语言学习环境（Melo-Pfeifer，2015）。根据 Bourdieu（1986）的说法，这可以被认为是父母向其子女提供的社会资本。Melo-Pfeifer（2015）进行了一个为期三年的项目，研究了关于德国葡萄牙语遗产语言维护的三个方面。数据收集自 6 至 12 岁的儿童。研究结果显示，主要是父母为其子女提供遗产语言环境。父母和其他家庭成员应被纳入遗产语言项目，共同教导遗产语言学习者。

父母在家里使用遗产语言是保持遗产语言的一个影响因素（Park，2013）。如果父母在家里选择使用英语，会加速遗产语言的流失（Smith-Christmas，2016）。社会语言学的家庭语言使用，可以从微观分析，如父母和孩子之间的互动；以及宏观分析，如父母的语言意识形态和期望，以及家庭和社区的语言学习背景来解释少数民族语言成就（King et al.，2008）。

同样，Kang（2012）表示，父母和孩子在家中的互动可以促进孩子的遗产语言发展和语言保持。父母在家中使用的语言在移民家庭儿童的遗产语言成就中起着主要作用（Park，2013）。Kang（2012）在美国进行了一项定量研究，发现韩国父母有将他们的遗产语言传递给他们的孩子的意愿，并支持他们的孩子韩国语的发展。韩国移民父母促进其子女的语言发展，是为了与他们的祖国保持联系，或利用韩国的经济机会，或者是为了履行他们在韩国的家庭责任（Kang，2012）。

其次，父母的期望可以预测其子女的遗产语言成就。Mori 和 Calder（2017）

进行了一项定量研究，考察在美国的日本父母对其子女遗产语言发展的支持。研究结果显示，父母的支持对其子女的遗产语言词汇习得有很大影响。父母的期望预测了他们孩子的遗产语言成就。他们的结论是，父母的参与对遗产语言的获取是必要的。

第三，移民父母，特别是母亲，利用不同的策略来加强他们孩子遗产语言的学习。其中一个例子是回国探亲。Kwon（2017）进行了一项定性研究，调查了 6 位在美国的韩国和日本母亲为支持其子女的遗产语言学习所采取的策略。研究结果显示，移民母亲强调遗产语言的学习，以促进孩子和仍在祖国的亲人之间的跨国交流，并能进行回国探亲时的交流。华裔父母也肯定了回国探亲是移民子女学习遗产语言的最佳方法（Liang, 2018; Park, 2013）。

移民父母中的母亲一方采用了以下策略来保持她们孩子的遗产语言。首先，她们通常使用跨国媒介，如观看使用其遗产语言的电视节目。第二，她们在回国探亲时，会让孩子在日本或韩国的学校学习几个星期，这种方式很受她们欢迎。第三，他们还为他们的孩子提供遗产语言识字材料，包括阅读和写作书籍（Kwon, 2017）。这些可以被视为 Bourdieu 意义上的文化资本（Bourdieu，1994）。

总之，家长参与遗产语言的学习已经得到了认可。父母的期望，回国探亲，父母在家中使用的语言，以及移民父母特别是母亲使用的其他策略，在他们孩子的遗产语言学习中产生了积极的效果。当父母参与子女的遗产语言学习时，他们利用他们的经济、文化和社会资本，并将这些形式的资本投入到子女的遗产语言学习中。

中文遗产语言发展

学好英语和本民族的遗产语言，可以实现双语的掌握。掌握双语可以带来经济利益，带来更好的工作机会，可以帮助他们在社区内的沟通，以及积极的自我形象建设（Law, 2015）。然而，移民家庭的华裔儿童通常不精通中文（Law, 2015）。对移民家庭来说，他们的遗产语言损失被证明是"整个家庭进一步的重大社会和文化损失"（Law, 2015, p. 736）。Bialystok（2018）也表示，遗产语言的丧失会导致遗产文化、工作机会和双语的认知效益的丧失。这代表着家庭关系的恶化和文化认同的丧失。Law（2015）还指出，移民家庭中的中国华裔儿童通常不精通中文，他们对其传统语言持消极态度。中国的家长没有足够的方法来解决这个问题，而公立学校则没有实际的支持。保持传统语言可以促进儿童的认知、学术和社会发展。英语和传统语言中的双语能力也可以保证经济效益和自我认同的发展。

Law（2015）也认识到双语的重要性，比如更好的工作机会，与社区的沟通，以及积极的自我形象构建。他承认家庭对双语儿童所扮演的重要角色。父母是通过家庭将遗产语言传递给他们的孩子的。父母的积极参与可以促进孩子的读写能力和语言发展。家长和社区可以帮助促进他们对子女的传统语言的积极态度。作为影响遗产语言维护的主要因素，家庭可以使用不同的方法来维持遗产语言。Mu 和 Dooley（2015）将家庭支持定义为家庭对儿童遗产语言学习的付出，如调整家庭政策以使用遗产语言，参加遗产语言学校，以及提供遗产语言教学。

少数民族语言的生存只有通过家庭、家族、邻里、友谊、直接社区的"代际传递"才能得到巩固（Fishman, 2000, p.4）。作为影响遗产语言维护的主要因素（Anicama et al., 2018; García, Zakharia, & Otcu, 2013），华裔父母以各种方式参与到子女的中文学习中。华裔移民父母通常对双语学习持积极态度（Zhang & Slaughter-Defoe, 2009; Law, 2015）。他们以不同的方式参与到孩子的遗产语言学习中。中国移民父母设法在家里保留他们的传统语言和文化，而他们的孩子则更快地融入主流社会（Liu, Zhai, & Gao, 2017）。

讲中文的成年人用中文与儿童交谈，以及涉及中文的课外活动，对儿童的中文学习发展有好处（Park, 2013）。Zhang（2008）认识到，移民儿童通过与家庭成员和社区的接触，可以获得学术和经济上的好处。父母的支持可以促进年轻的遗产语言学习者学习中文。Park et al.（2012）进行了一项纵向研究，调查父母对幼儿遗产语言学习的支持与早期遗产语言发展之间的关系。研究人员考察了父母中至少有一人说普通话，且在 18 岁后移民到美国的家庭。研究人员使用了一个包含 6 个项目的父母文化维持量表来衡量父母为维持他们的文化做出的努力。他们也评估了儿童的中文口语能力。研究了父母做出的努力和儿童的中文口语能力之间的相关性，结果显示，父母的语言支持对其子女的遗产语言能力有积极的影响。反过来，儿童的遗产语言发展也鼓励父母使用遗产语言（Park et al.，2012）。

Zhang（2010）对美国中国移民家庭进行了人种学研究。该研究考察了费城中国移民学习中文的动机因素，以及它们如何影响中文学习。研究结果显示，华裔父母，无论其英语水平如何，都很重视他们孩子的中文学习。Zhang和 Slaughter-Defoe（2009）也进行了一项定性研究，考察了华裔父母对其子女在美国学习中文的态度。他们采访了 18 个中国移民家庭，发现他们对中文学习持积极态度，因为他们的孩子可以获得学术和职业上的好处，而中国父母对他们的期望值很高。中文的发展也有助于保持家庭的凝聚力，以及保持他们的中国文化和民族性。

Mu 和 Dooley（2015）在其混合方法研究中也有类似的发现。他们调查了230 名澳大利亚华人，并选择了 5 名参与者进行访谈。定量研究的结果显示，当中文学习者接受了来自家庭的更多支持，在家里有一个有利的中文政策，并接受了更多正式的中文学习，他们的中文水平就更高。他们还指出，父母和语言环境在学习者获得中文遗产语言的过程中起着决定性的作用。他们的定性研究发现，家庭成员鼓励中文学习者学习中文，他们还为他们提供学校教授的中文学习内容，这需要家庭的经济资本。中文学习者有通过学习中文可以与家人联系的愿望。

根据 Zhang（2010）的研究，中国移民儿童更喜欢英语，因为英语可以促进他们向上层的社会流动和融入到主流社会。虽然他们的父母在家里讲普通话，但这些移民儿童的中文学习时间被降低到最低水平，或者被华裔儿童所抵制。Zhang（2010）认为，中国移民儿童只有在语言上和社会上能够融入以英语为主的社会的时候，他们才会致力于中文学习。

中国移民父母对双语学习和他们对遗产语言的积极态度可以被视为一种文化资本形式。遗产语言父母的社会关系网络和他们与社区的关系可以被视为一种社会资本形式，可以影响遗产语言的学习。当务之急是研究中国移民父母如何在美国背景下更好地应对其子女的中文发展。

双语的益处

遗产语言与英语是可以同时进行学习的。双语教学项目就是能满足这种需要的项目。双语教育可以追溯到公元前 3000 年，并在过去五十年里引起了争议（Brisk，2006）。根据 Bialystok（2018）的说法，双语教育作为 "一个总称"，是指 "任何在课程中使用一种以上的语言来教授非语言的学术科目，或者学校教育的语言与家庭或社区的语言不一致的学校项目"（p.667）。双语教育的支持者赞成在教育中使用英语和母语，而反对者则认为英语应该是英语学习者的唯一教学语言（Brisk, 2006），这样他们就可以融入主流社会。

根据 Cummins（1979）的研究，母语或遗产语言的识字发展可以促进英语识字的发展。然后，它发展为跨语言迁移。Cummins（2000）将跨语言迁移定义为一种语言的技能和知识可以在另一种语言中迁移和应用。那些掌握两种语言的人更有可能获得对语言和语言学结构的元语言学见解 （Proctor, August, Carlo, & Barr，2010）。

Goldstein（2004）指出，儿童可以建立两个独立的语言系统，而这两个语言系统可以相互影响，成为新兴的双语者。他解释说，跨语言迁移发生在熟练语言到非熟练语言之间，因为这些双语儿童通常表现出两种语言的不平衡发展。双语儿童可以将主导语言的语音和语法知识应用到非主导语言中。根据 Goldstein（2004）的观点，跨语言迁移可以被认为是双语语言学习中普遍存在的一种自然结果。两种语言的认知和双语能力可以促进识字成绩和认知灵活性（Proctor et al., 2010）。

Goodrich、Lonigan 和 Farver（2013 年）对加州 94 名讲西班牙语的学前英语学习者进行了随机抽样实验，并考察了他们的西班牙语和英语的新兴识字能力。他们调查了英语学习者在过渡性双语学习项目和纯英语课程中的词汇量、语音意识和印刷知识。前测和后测的结果显示，儿童可以利用已掌握的词汇知识来促进新教学语言的词汇学习。

Hoff（2018）研究了来自语言少数民族家庭的双语儿童的语言发展。研究结果显示，双语者家庭语言的口语技能，如语音意识可以迁移到他们的英语学习中。研究结果还显示，双语对少数民族语言的儿童是有益的，因为它使他们能够与家庭和社区沟通。Kremin、Arredondo、Hsu、Satterfield 和 Kovelman（2019）研究了密歇根州 70 名儿童，包括接受英语教学且智商相近的西班牙语和英语双语者，并调查了西班牙语语音意识和语音阅读能力是否能促进双语者的英语读写能力发展。测试结果显示，英语学习者的西班牙语口头和书面语言能力直接并积极地影响了他们的英语识字能力。英语语音意识与单语者和双语者的英语阅读能力显著相关。研究结果支持跨语言迁移，并显示双语者的英语和西班牙语的语音意识对英语单词阅读有显著的支持。

Uchikoshi 和 Maniates（2010）进行了一项混合方法的研究，从幼儿园到二年级持续了三年，研究了加利福尼亚州二年级过渡性双语教学项目的英语学习者。他们将讲西班牙语和粤语的英语学习者的识字成绩与只讲英语的学生在语音意识、词汇量、听力和阅读理解方面的识字成绩进行了比较。英语口语和阅读以及他们的家庭语言能力测试、课堂观察、教师访谈、家长问卷调查的结果显示，英语学习者的家庭语言知识促进了他们的英语读写能力发展。英语学习者在英语阅读理解方面的成绩与纯英语使用者相同，甚至在单词解码能力方面超过他们，但在词汇量方面的得分低于以英语为母语的人。讲西班牙语的儿童的西班牙语阅读理解能力一般，西班牙语词汇成绩较低，但解码能力较高。然而，讲粤语的儿童在其母语方面的表现较差。研究结果还表明，父母的态度和家庭的帮助都直接地影响了他们第一语言的学习。

Jiménez-Castellanos et al.（2014）调查了社会和经济地位、家庭使用的语言、教学语言和词汇对讲西班牙语的英语学习者在幼儿园、三年级和五年级的英语读写能力发展的影响。292 名讲西班牙语的学生中，有些人只接受英语教学，有些人先接受西班牙语教学，然后转为英语教学。幼儿园的学生只接受英语教学；英语学习者接受双语教学，而五年级的学生有的接受双语教学，有的只接受英语教学。研究结果显示，社会和经济地位、家庭使用的语言以及学校的教学语言在不同程度上影响了这三个年级的使用西班牙语的英语学习者的英语读写能力发展。对于幼儿园的英语学习者来说，他们的社会和经济地位，以及西班牙语和英语词汇可以显著预测英语单词的阅读。对于三年级的学生来说，西班牙语和英语词汇的知识可以显著预测英语单词的阅读。对于三年级和五年级的学生来说，西班牙语和英语词汇的补充知识、家里的西班牙语和学校使用的英语都能显著预测他们的阅读理解能力。

Kuo、Ramirez de Marin、Kim 和 Unal-Gezer（2017）在美国两所小学进行了定量研究，比较了四年级普通教育项目中的英语儿童和双语言项目中的西班牙语儿童的西班牙语形态意识发展和词汇掌握情况。结果显示，参加双语言项目的英语学习者在西班牙语形态词汇方面的表现优于参加纯英语项目的英语学习者。结果还显示，在讲西班牙语和英语的儿童之间发生了跨语言迁移。研究结果表明，双语教育可以通过利用跨语言迁移和对结构性语言的敏感性来积极地影响英语学习者。

根据 Sparrow、Butvilofsky 和 Escamilla（2012）的研究，写作技能可以在不同的语言之间转移，尤其是在具有相似书写系统的语言之间，如英语和西班牙语。August et al.（2014）研究了美国英语学习者读写能力发展的实证研究。他们审查了基于识字能力的研究。他们得出的结论是，对识字的不同方面进行明确的指导，如单词阅读、口语阅读流利度、词汇学习、阅读理解和写作，对学生是有益的。

目前美国有两种主要的语言教育方案用于英语学习者（Gottlieb & Nguyen, 2007），每种方法都由不同类型的项目组成。纯英语教育是指在教学过程中只使用英语教学。Brisk（2006）将双语教育定义为使用两种教学语言，即英语和另一种语言的教育项目（Gottlieb & Nguyen, 2007）。Murphy（2014）指出，教学时间的多少会影响识字的发展。通过强调英语学习者的家庭语言，双语言教学可能有利于英语能力和学术成就的提高。Lindholm-Leary（2014）证明，英语学习者可以利用双语指导。双语指导可以带来"与纯英语指导相同或更好的学术成果"（Valentino & Reardon, 2015, p. 614），只有少数例外。研究表明，英语学习者接受的双语指导越多，他们的学习成绩就越好。

美国目前已经开展了不同的双语教学项目。美国目前双语教育包括发展性双语教育项目、过渡性双语教育项目和双语言项目（Gottlieb & Nguyen, 2007）。不同的双语教育模式的有效性已被研究，并与纯英语项目进行比较。根据 Brisk（2006），为了研究针对英语学习者的双语项目的有效性，需要对英语学习者的英语阅读和数学成绩进行评估。这些项目也可以通过双语学生的学术和语言成绩以及识字能力来衡量（Brisk, 2006）。以下研究比较了双语教育项目和纯英语项目的有效性。

　　Bialystok（2018）表示，目前的研究普遍考察了双语教育和纯英语项目中的西班牙裔儿童，他们的社会和经济地位较低。Bialystok（2018）进行了文献回顾，研究了美国前三年的双语学校教育。研究结果显示，没有证据证明双语教育对英语学习者的英语和西班牙语成绩有不利影响，而有证据支持双语教育项目对英语学习者有利。

　　根据 Bialystok（2018）的说法，英语水平和英语语言素养一直是判断双语教育项目是否成功的标准。Valentino 和 Reardon（2015）利用一个学区的英语学习者的纵向数据，研究了英语学习者在四个不同项目中的学术成就，即过渡性双语、发展型双语、纯英语和双沉浸式双语教学项目。他们的英语和数学测试结果显示，学生的表现与纯英语项目的学生相当。研究结果还表明，英语学习者的短期和长期结果是不同的。例如，在短期评估中，双沉浸式项目的效果最差，而对四个项目的长期评估却显示出不同的结论。

　　Rolstad、Mahoney 和 Glass（2005）比较了 17 项研究，以调查双重双语教育计划、过渡性双语教育计划、结构化英语沉浸计划以及针对有限和非有限英语熟练程度学生的纯英语计划的有效性。经验性的证据表明，双语教育比纯英语的方法更有优势。研究结果还表明，双语言教育项目比过渡性双语教学项目更有利于英语学习者。

　　Valentino 和 Reardon（2015）也用元分析法研究了双语指导，结果显示，双语指导可以带来"与纯英语指导相同或更好的学术成果"（p.614），只有少数例外。上述两项研究表明，英语学习者接受的双语指导越多，他们的学习成绩就越好。这些研究表明，双语教育课程至少与纯英语课程相当，甚至比纯英语课程更有效。在因果比较研究中，Garza-Reyna（2017）研究了英语学习者的大学入学考试成绩与南得克萨斯州的两种语言项目，即提前退出的过渡性双语项目和双语言项目之间是否存在因果关系。美国大学考试的数学和科学成绩显示，双语言项目可以为学生带来好处，这在中学阶段就表现出来了。研究结果还表明，英语学习者在双语言项目中接受教育的时间越长，他们的学术表现就越好。

　　长期双语项目比短期项目更有效（Bialystok，2018）。发展性双语教育项目比其他过渡性双语项目更有效（Rolstad et al.，2005）。英语学习者可以从更多的双语指导中受益（Valentino & Reardon, 2015; Garza-Reyna, 2017）。双语教育项目至少等同于甚至比纯英语项目更有效（Lindholm-Leary & Hernández, 2011; Valentino & Reardon, 2015）。Polanco 和 Luft de Baker（2018）还发现，在阅读结果方面，双沉浸式双语项目比过渡式双语项目更有利于英语学习者。两种语言的发展可以对学习者产生积极的作用，所以应该重视遗产语言的发展，使遗产语言和英语能同时得到发展。

语言社会化

社会化不仅使儿童学习一种语言，而且还涉及文化影响和文化活动（Li, 2006）。Schieffelin 和 Ochs（1986）研究了遗产语言维护中的语言社会化，以及语言社会化的两个主要方面，"通过使用某种语言进行社会化和利用社会化学习语言"（p.163）。他们认为，语言在社会化过程中具有强大的作用，语言的使用使社会能力的获得成为可能（Schieffelin & Ochs, 1986）。研究移民父母的社会关系网络，以及他们如何让孩子融入他们的社会关系网络以促进他们的遗产语言发展是很重要的。

遗产语言发展

Stanton-Salazar（1997）说，大家庭、学校、社区组织和同龄人群体是遗产语言儿童可以进入的社会世界。根据 Stanton-Salazar（1997）的观点，少数民族儿童的社会化有助于他们获得社会资本。父母在他们的社交网络中用他们的遗产语言和文化使他们的孩子实现社会化社交。

Fellin（2014）进行了一项为期四年的定性研究，研究美国新一波意大利移民的身份形成和他们子女的语言社会化。研究结果显示，新一波移民利用社会化社交来帮助维持他们孩子的遗产语言和文化，并形成积极的意大利身份认同。他们投资于意大利语的培养和维持，并采取教学策略有效地促进语言学习。

中文遗产语言发展

根据 Song（2012）的研究，家庭中的语言社会化实践有助于双语儿童对语言系统的理解，而这种理解可以通过家庭以外的语言社会化经历得到加强。"中文社区的早期社会化和家庭对中文的灌输"（Mu, 2014, p. 483）有助于年轻人保持他们的遗产语言。

Chao 和 Ma（2017）进行了一项定性的人种学研究，该研究持续了一年，以考察中国旅居美国者的子女的跨国识字实践。研究结果显示，孩子们在语言和文化方面的跨国学习使他们能够在美国与他人互相交流。他们的父母利用不同的资源使他们的孩子融入当地的学校和社区。文化和社会资本的流通以及中英文资源的双向交流使孩子们的跨国读写能力得以发展。

中国父母将他们的孩子社会化，让他们学习中文（Chao & Ma, 2017; Koustourakis 等, 2018）。显性语言社会化，如接触华语社区和媒体，以及隐性语言社会化，如与中国父母的互动和学校教学，都有利于儿童的中文发展。Chen et al.（2018）进行了一项纵向研究，考察了美国华人移民家庭的258 名儿童的中文社会化和中文水平。研究结果显示，讲中文的成年人用中文与儿童交谈，接受正式的中文指导，以及参加涉及讲中文的课外活动，都有利于儿童的中文语言发展。同时他们也发现，通过媒体接触中文、华裔父母对中文重要性的信念以及与华裔同龄人的联系与儿童自身的中文发展没有显著关系。

Liang（2018）对加拿大和美国的研究进行了文献整理，调查了 17 个家庭在孩子的遗产语言学习中所采用的做法。调查结果显示，在家里使用遗产语言是有效的。调查结果还显示，大多数中国移民父母期望他们的孩子说中文，但有一半的父母并没有在生活中跟孩子讲中文。移民父母还把他们的孩子送到华人社区学校学习语言，并与同族裔的其他孩子交往。此外，回国探亲是帮助他们的孩子沉浸在传统语言环境中的另一种方式。

中国移民父母将他们的孩子纳入他们的社会网络，这被认为是一种积极维护的资源，以促进儿童的中文发展。中国移民父母的社会网络包括儿童在社区中的熟人和他们在社会网络中参与的社会活动（Lee & Bowen, 2006）。Zhang（2012）采用了一个人种学项目，从 2000 年到 2005 年的五年中，研究了费城的 18 个中国移民家庭。这个项目包括唐人街的 6 个底层福建人家庭和大学城地区的 12 个讲普通话的家庭。调查结果显示，华裔的社会关系网络使来自使用普通话家庭的儿童受益，而社会地位较低的福建儿童没有从中受益。中文被认为是中国普通话家庭的资源，他们的社会关系网络激励孩子们学习中文。然而，福建人家庭被排除在跨国活动之外，所以他们重视英语学习，因为英语可以帮助他们在美国获得成功。华裔社会关系网络并没有促进福建人的中文学习。

根据 Velázquez（2013）的研究，在家庭语言使用中起决定性作用的是家庭中的母亲，而母亲的社会关系网络影响着儿童遗产语言的社会化。然而，当母亲在华人社区中对孩子进行社交时，发现她们的孩子并不与华人社区中的其他孩子说中文。他们的家庭成员和亲戚是他们的社会关系网络，但他们并不住在美国，所以他们的孩子不容易接触到中文语言环境。尽管华裔移民父母在孩子的家庭以外的语言社会化方面遇到了困难，但华裔移民父母仍然对他们孩子的中文发展进行了投资。华裔移民父母从子女的中文发展中获得的预期回报，可以促进对父母的资本投资的理解。

父母的预期回报

Mori 和 Calder（2017）表示，使用遗产语言的父母认识到在以英语为主导的社会中获得遗产语言的相关好处。他们也很重视遗产语言，因为它使家庭成员之间的沟通和亲密关系得以实现。尽管父母对他们的遗产语言持积极态度，但他们在家里并没有有效的做法来促进遗产语言的学习。研究还表明，在家里使用遗产语言对儿童的遗产语言发展至关重要（Mori & Calder, 2017）。Zhang（2010）研究了基于社会语言学因素的语言维持和转变，包括人口学、语言学、教学法、社会文化、语言态度、社会网络和语言意识形态。Zhang（2008）

认识到移民儿童通过与家庭成员和社区的接触可以获得学术和经济上的好处。

Park（2013）还认为，家庭在儿童的语言发展中起着重要作用。在文献综述中，Park（2013）认识到遗产语言维护和加强双语的重要性，这不仅有利于其子女的民族认同，也有利于社会的发展。他指出，父母的参与，如父母在家中使用遗产语言，可以促进子女的遗产语言维护。 Park et al.（2012）进行了一项纵向研究，调查了父母对幼儿遗产语言学习的支持与子女早期遗产语言发展之间的关系。研究人员调查了那些父母至少有一位会说普通话、18 岁后移民到美国的家庭。采用六项父母文化维护量表来衡量父母的文化维护努力，评估儿童的中文遗产语言能力。通过两者之间的相关性检验证明，父母的语言支持对孩子的遗产语言能力有积极影响，而孩子的遗产语言发展鼓励父母的遗产语言使用。

遗产语言学习者期望从他们对遗产语言发展的投资中得到回报。学龄儿童的父母也期望从他们对孩子的遗产语言发展的资本投资中得到回报。年轻的语言学习者可以从他们童年时期的遗产语言学习经历中获得收益，以帮助他们获得和保持他们的遗产语言（Park, et al., 2012）。随着对语言学习的投资，学习者有望获得象征和物质性的资源（Darvin & Norton, 2015），有利的工作机会，在全球市场的优势，以及与中国社区的联系等（Mu, 2014）。Wu et al.（2014）也发现了类似的结果。他利用人种学研究的数据，考察了学习者在特许学校中文课上对中文学习的投入。研究结果显示，在家里接触过中文学习的七、八年级学生在中文课上表现更好。研究结果还显示，他们将资源投入到中文中，是因为中文学习者可以获得"与中国相关的市场能力"和"他们的社会网络"的好处（p.29）。

华裔父母往往对子女的教育有更高的期望。移民的中国父母设法在家里保留他们的传统语言和文化，而他们的孩子则更快地融入主流社会（Liu, Zhai, & Gao, 2017）。根据 Mu（2014）的说法，中文学习者中被父母强迫学习中文的不在少数，中文学习对他们来说不是一个愉快的经历。然而，他们的父母仍然在家里和孩子说中文，并每周送他们去社区学校学习中文。他们的付出和投资需要合适的理由进行解释。研究者给出的解释之一，就是这些家长对他们的投资有预期中的回报。

Law（2015）也表示，移民家庭的华裔儿童通常不精通他们的中文，他们对自己的传统语言持消极态度。华裔家长没有足够的方法来解决这个问题，而公立学校对他们的需求也没有实际的支持。Law（2015）认为，对移民家庭来说，失去传统语言是"整个家庭进一步的重大社会和文化损失"（p.736），表现为家庭关系的恶化和文化认同的丧失。根据 Law（2015）的研究，维护遗产语言可以对儿童的认知、学术和社会发展产生好处。英语和遗产语言的双语化也可以带来经济利益和自我认同的发展。

Law（2015）也认识到了掌握双语的重要性，如更好的工作机会，与社区的沟通，以及积极的自我形象建设。Law（2015）承认家庭对双语儿童所起的重要作用。父母正是通过家庭将遗产语言传给他们的孩子。父母的积极参与可以促进孩子的识字和语言发展。家长和社区可以帮助促进孩子对遗产语言的积极态度。作为影响遗产语言保持的主要因素，家庭可以用不同的方法在家里保持遗产语言。

当中国移民父母在孩子的中文学习发展中投入资本时，他们也有对资本投资回报的期望。一些家长将他们对子女中文学习的投资归功于子女与中国家庭和亲属之间的"情感依恋"和沟通（Rodríguez-García, et al.）。根据 Mu（2014）的说法，中文"加强了家庭关系"（p.486）。

不仅是华裔父母，其他亚裔父母也对于投资子女的遗产语言发展有预期回报。例如，Park 和 Sarkar（2007）探讨了韩国父母的态度和努力，以使他们的孩子在加拿大保持他们的传统语言。他们认为，主要是父母应该对其子女的遗产语言维护负责。他们还认为，遗产语言的熟练程度会给他们的孩子带来更好的经济机会，并有助于与他们的家庭长辈进行有效的沟通。

Bell（2013）还发现，移民父母不仅在苏格兰，而且在世界范围内为他们的孩子组织中文学校进行了大量投资。他进行了一项定性研究，考察了中国父母如何参与到子女的中文学习中，并重视他们的遗产语言。结果显示，父母认为普通话是他们孩子的财富，并期望在未来获得有力的职位。因此，他们将时间和资源投入到子女的中文学习中。此外，他们还解释了为什么中国父母对中文阅读和写作的重视程度不如对听和说的重视程度，这是因为在家里没有必要使用这些技能。

一项类似的研究也表明，他们投资于中文学习，并期望他们的孩子能够通过中国的网络获得信息，在中国市场获得更多的工作机会，并融入中国文化。家长在孩子的中文学习上投入资源，是期望他们的孩子能够从中国市场和企业中获得利益（Hua & Wei, 2016）。

一直以来，很少有研究探讨中国移民父母从他们投资于子女的中文发展的资本中获得经济、文化、社会和象征资本方面的预期回报。本研究针对这一问题，在定性阶段考察了中国移民父母的预期回报。为了成功地进行这项混合方法研究，以下部分将考察这项研究的框架是如何确定的。

研究方法

混合方法研究

为了回答本研究中的两个研究问题，采用了混合方法研究来收集定量和定性的数据。根据 Creswell 和 Clark（2018）的说法，在使用混合方法时，研究者"针对研究问题和假设，严格地收集和分析定性和定量数据；整合两种形式的数据及其结果；将这些程序组织成具体的研究设计，提供进行研究的逻辑和程序；并将这些程序置于理论和哲学范围内"（p.5）。换句话说，混合方法融合了定性和定量的研究方法。

混合方法研究主要包括三种设计。第一种是共时混合方法设计、解释型顺序混合方法设计和探索型顺序混合方法设计（Creswell & Clark, 2018）。本研究采用的是解释型顺序混合方法设计，即用定性阶段的结果去解释定量研究阶段的数据分析结果。这种方法是具有优势的。

Creswell（2015）从三个层面解释了混合方法的优势。首先，混合方法研究吸取了定量研究和定性研究的优点，并将其局限性降到最低，在一般层面上抵消了其弱点。定量研究被认为在对背景的描述、个体参与者的信息和研究者的背景方面存在不足。

另一方面，定性研究由于参与者的数量有限，很难将研究结果普遍化。

第二，它吸引了那些喜欢同时用定量和定性数据而不是单独的定量或定性数据来解决研究问题的研究者。第三，它能够在程序层面上"更完整地理解研究问题"（Creswell, 2015, p. 218）。定性数据有助于跟进和探索定量阶段的结果。多种数据资源可以促进对研究问题的全面理解。

在混合方法设计中，有三种解决研究问题的方法，即"融合性设计""解释性顺序设计"和"探索性顺序设计"（Creswell & Clark, 2017, p.65）。本研究采用了解释式顺序混合方法设计。它指的是"一种混合方法设计，在这种设计中，研究者首先进行定量阶段的研究，然后用随后的定性阶段跟进具体结果，以帮助解释定量结果"（Creswell & Clark, 2017, p.77）。这种研究方法的优点是首先以一个强有力的定量研究，而且定量研究阶段和定性研究阶段是单独分开进行的，所以对于研究者来说更具有操作性。第二阶段的定性研究可以根据第一阶段的定量研究结果来做出调整。最后，在最终报告的写作时，研究者也可以定量研究和定性研究分别撰写，对于研究者更为友好。

这项混合方法研究实施了两个阶段的研究。第一阶段收集定量数据，然后进行分析。在定量阶段，也就是研究的优先阶段，向潜在的参与者分发了社会、文化、经济和象征资本问卷，并收集了他们的相关个人信息。定量数据分析的结果被用来为随后的定性阶段打下了基础。下面的定性阶段解释了定量阶段的结果（Creswell & Clark, 2017）。

定性研究的重点是"个人的意义和呈现情况的复杂性"（Creswell, 2014, p. 4）。定性阶段研究了中国移民父母在其子女的中文发展中投入社会、文化、经济和象征资本的预期回报。研究者综合了两个阶段的结果，得出结论：中国移民父母在经济、文化和社会资本方面的预期回报是如何解释父母在子女的中文发展中投入不同形式的资本的。

定量研究方法

在定量阶段，本研究应用包含 52 个问题的在线调查问卷收集数据。问卷可以"通过电话、面对面、邮寄纸笔问卷的方式进行，或者越来越多地使用基于网络和电子邮件的形式"（Muijs，2010，p.30），来考察我们现实生活中存在的变量之间的关系（Muijs，2010）。调查问卷是指"询问调查样本中的所有个人相同问题的文本"（Gall, Borg & Gall,2003,p.222）。参与者会回答调查问卷的问题，所以他们控制着信息收集的过程。比如，他们可以选择方便的时间回答问题，可以按任意顺序回答问题，也可以跳过某些问题。调查问卷具备两个优点：一是研究者可以在广泛的地理范围内已比较经济的方法收集数据，二是收集数据的时间也相对更短。缺点是无法深入了解参与者的态度和内在的想法，也无法修改已经发出的调查问卷的问题（Gall, Borg & Gall,2003）。

　　本研究通过微信这一包含信息传递功能的社交软件向潜在参与者发放在线问卷。微信这个手机应用在美国的中国移民父母中越来越受欢迎，特别是那些在中国仍有家人或朋友的第一代移民（Xie, Putrevu, & Linder, 2017; Chen, Butler, & Liang, 2018）。相当于 WhatsApp 的微信，在美国也可以使用，越来越多的在美国的中国移民父母使用这款应用程序。2019 年，每天有超过 10 亿的微信活跃用户，在所有应用程序中排名世界第五，在所有消息应用程序中排名第三（Chen, Butler, & Liang, 2018）。

　　事实证明，微信可以增加第一代中国移民的社会资本，帮助他们适应美国社会（Chen, et al., 2018; Pang, 2018）。中国移民基于微信群的功能，分享信息，相互交流，并加入不同的群组。微信帮助中国移民建立本地网络（Chen, et. al., 2018）。例如，本研究的研究者在休斯敦、Corpus Christi 和 Kingsville 三个城市获得了三个中国移民微信群。

　　本研究在定量阶段是一个横断面和非概率抽样研究，研究者只对参与者进行了一次性调查（Muijs，2010）。根据Muijs（2010）的研究，在线调查有很大的无应答率，这将使最终的样本变小，降低统计能力。为了克服在线问卷的主要缺点，即低回复率（Muijs，2010），研究人员可以"使问卷足够简短"，并"为完成并返回问卷的受访者提供关于研究项目的反馈"（Muijs，2010，p.37）。在这项研究中，完成调查问卷大约需要11分钟。此外，完成问卷的父母会收到研究项目的结果，告知他们在孩子的中文发展中投入的社会、文化、经济和象征资本的结果。

　　本研究改编了 Mu（2015）设计的调查问卷。研究者得到了使用和修改穆氏调查的许可。它的题目是"中国移民父母的资本和他们孩子的中国传统发展"。为了确保修改后的问卷的有效性，本研究考察了修改后的问卷的内容有效性。内容证据"是指构成工具的内容是否合理地代表了人们试图测量的概念"（Morgan et al, 2013, p. 112）。内容效度是"其他效度的先决条件"（Zamanzadeh, Ghahramanian, Rassouli, Abbaszadeh, Alavi-Majd, & Nikanfar, 2015, p. 165）。首先，本研究选择了专家小组，包括两名内容专家和三名非专业专家（Zamanzadeh et al.，2015）。

　　内容有效性指数（CVI）可以从项目层面（I-CVI）和量表层面（S-CVI）来计算，以证明问卷中项目的相关性和明确性。I-CVI 的计算方法是将评为"相关但需要修改"和"相关"的专家人数除以专家人数。S-CVI 的计算方法是专家的普遍同意（S-CVI/UA）或 I-CVI 的平均值（S-CVI/Ave）。S-CVI/Ave 的计算方法是被评为"相关但需要修改"和"相关"的项目数除以问卷中的项目数。

　　根据 Zamanzadeh et al.（2015）的研究结果，内容效度比（CVR）证明了问卷中的项目是否正确和重要，可以用 Lawshe 的方法计算（Taherdoost，2016）。内容效度指数（CVI）也被考察，这是"内容效度最广泛的报道方法"（Zamanzadeh et al.，2015，p.168）。这五位成员对 33 个项目进行了 4 级评分，不相关（1）、需要修改（2）、相关但需要轻微修改（3）、相关（4）来评估相关性，不清楚（1）、需要修改（2）、清楚但需要轻微修改（3）、清楚（4）来评估清晰性（Zamanzadeh 等人，2015）。

　　量化阶段需要找到研究的人口并进行抽样。首先，定位统计总体和目标统计总体，即包括所有的研究的目标人群。然后从目标统计总体中进行抽样。抽样方法包括概率抽样和非概率抽样。概率抽样包括简单随机抽样、系统抽样、分层抽样和整群抽样。合理的抽样可以把研究结果扩展到整个统计总体。概率抽样更容易把研究结果扩展到整个统计总体。非概率抽样包括便利抽样和滚雪球抽样（Gall, Borg & Gall,2003）。

　　本研究的量化阶段使用了便利抽样和滚雪球抽样（Creswell, 2015）。便利抽样的便利是指四个方面的便利。第一，位置便利，即样本位于研究者工作的附近位置。第二，研究的批准者是研究者的同事。第三，研究者熟悉研究环境，或者在这个环境中工作。第四，有些数据已经被收集了。滚雪球抽样是指请合适的参与者推荐更多合适的参与者（Gall, Borg & Gall,2003）。由于研究者和潜在参与者之间是陌生的关系，由熟悉的人进行推荐可以让更多的人参与研究。

这两个阶段的数据不是独立的，而是相互关联的。在解释性顺序设计中，"定量和定性的数据库是分开分析的"（Creswell, 2015, p.224）。为了分析调查结果和解决第一个研究问题，我们使用了多元回归分析。回归分析是指"一种概念上简单的方法，用于调查变量之间的功能关系"（Chatterjee & Hadi, 2015, p.1）。这种关系可以用连接预测变量和因变量的模型形式来表达（Chatterjee & Hadi，2015）。

多元回归"是一种复杂的关联统计方法"（Leech et al.，2015，p.109）。多元回归分析是为了"分析两个或多个自变量与因变量的关系程度"（Martin & Bridgmon, 2012, p. 73）。在多元回归分析中，有不同的方法，如同步回归、正向回归、逆向回归和层次回归。根据 Leech 等人（2015）的说法，当研究者知道输入预测变量的顺序时，层次法是比较好的方法。

层次多元线性回归方法被用来观察"每一组新的变量是否为之前的变量块产生的预测增加了什么"，并"控制或消除之前的变量对预测的影响"（Leech et al.，2015，p.125）。在收集问卷时，进行了定量的数据分析。根据定量分析的结果，招募了定性阶段的访谈参与者。

定性研究方法

Creswell（2015）认为定性研究者是关键的工具，因为他们"通过检查文件、观察行为或采访参与者，自己收集数据"（p.185）。Marshall 和 Rossman（2014）也将研究者视为定性研究中的工具。"研究者在被邀请成为研究一部分的参与者的生活中的存在是方法论的基础"（Marshall & Rossman, 2014, p. 118）。研究者作为定性研究的研究工具，要考虑研究者的身份和经历对研究的影响。

　　本研究在定性阶段使用访谈来收集有关中国移民父母对其子女的中文发展投资的预期回报的数据。访谈在大多数情况下是定性研究中"收集数据的主要方法"（Bloomberg & Volpe, 2016, p. 158）。访谈问题是访谈的关键，以便获取更多相关信息来解决研究问题（Creswell, 2015）。利用访谈进行数据收集时，要遵循以下流程：确定访谈目的，选取样本，设计样式，设计组织问题，培训采访者，进行试点访谈，进行访谈并分析访谈数据。本研究的访谈方式是一对一访谈。

　　研究者在 2018 年秋季学期进行了一项类似的定性研究。该试点研究采访了三位在中国获得中文能力的中国移民父母，他们的孩子都在 18 岁以下。试点研究考察了中国移民父母如何促进他们孩子的中文发展。他们对半结构化的访谈问题提出了建议，研究者也做了相应的修改。为了确保访谈问题的回答能够"直接指向研究问题"（Bloomberg & Volpe, 2016, p.158），研究者修改了那些含糊不清或引起多余答案的问题。研究者采用了试点研究中的四个访谈问题（问题 2、6、10 和 12）。在本研究中，最终确定了 14 个访谈问题，以产生关于中国移民父母从其子女的中文发展中获得预期回报的更详细解释。

　　根据 Creswell 和 Miller（2000）的说法，定性研究"通常采用成员检查、三角测量、粗略描述、同行评审和外部审计"（p.124）来建立有效性。本研究在定性阶段使用了成员检查和同行评议来确保有效性。研究者在定量数据分析中收集了"与统计学上有意义的结果、统计学上无意义的结果、关键的重要预测因素、区分群体异常值或极端结果的变量"（Creswell & Clark, 2017, p. 191）。

　　在定性阶段中，采用了有目的的抽样。有目的的抽样是指根据研究的目标，有目的地选取可提供丰富信息的参与者（Gall, Borg & Gall,2003）。定量阶段的七名志愿者参加了访谈。访谈是在参与者同意的情况下进行录音的。研究者做了自我介绍，并与他们聊了聊研究者的女儿，她也在美国学习中文，以便彼此熟悉。录音被逐字转录成中文，然后由研究人员翻译成英文。一位在美国的中国学者被邀请审查翻译，以确保翻译的准确性。当转录和翻译完成后，参与者对英文记录进行了审查，以确保转录的访谈反映了他们所表达的内容，以减少研究者的偏见（Bloomberg & Volpe, 2016）。主题分析被用来解释访谈内容（Creswell, 2015）。本研究还利用访谈结果来解释调查结果。

章节总结

　　研究回顾包括理论框架，关于父母的经济、文化和社会资本的研究，父母的参与和资本，以及语言社会化，然后是父母对其子女的遗产语言发展的投资的预期回报。下一章介绍研究的方法。

第三章　方法论

简介

　　本章介绍了中国传统语言发展的混合方法研究的方法论，研究中涉及的解释性顺序设计包括定量阶段和定性阶段。本研究主要面向的是在美国背景下生活的华裔，研究方向为华裔父母对子女学习中文投入的四种形式的资本和他们子女的中文发展两个方面。自本研究通过机构审查委员会的批准后，研究员开始收集数据。在定量阶段，本研究改编了最初由 Mu（2015）设计的题为"华裔父母对子女学习中文投入的资本和他们子女的中文传承水平"的调查，通过收集的数据来预测美国华裔儿童学习中国传统语言的整体状况。

　　在定性阶段，本研究采纳了 Mu（2015）的研究以及在本研究之前研究者进行的试点性研究中的访谈问题。最终确定了 13 个访谈问题（见附录 E），以解决第二大研究问题，即华裔父母对子女学习中文投入的四种形式的资本以及预期回报。本章提供了研究设计和研究问题，然后描述了研究环境和人口以及样本参与者。此外，还从研究工具、研究过程、数据分析和局限性几方面进行了具体剖析。

研究设计和问题

　　本研究采用了解释性顺序混合方法设计，同时收集和整合了定量（调查）阶段和定性（访谈）阶段的数据（Creswell，2015）。定量阶段侧重于调查问卷数据的收集（n = 123），定性阶段侧重于对 7 名参与者的访谈数据的收集。访谈数据的收集是为了帮助解释定量阶段的调查数据（Creswell & Clark，2017）。

　　基于对父母参与传承语言学习（Budiyana，2017；Kang，2012；Melo-Pfeifer，2015）、父母对子女学习遗产语言投入的不同形式的资本（Kwon，2017；Law，2015；Mu，2014；Park，2013）以及华裔父母对其子女学习中文投入的四种形式的资本与子女的中文学习情况（Mu，2014；Mu，2015；Mu & Dooley，2015；Wu，Lee & Leung，2014）等方面的研究成果，本研究以下列研究问题作为指导。

　　（1）华裔父母对其子女学习中文投入的社会、文化、经济和象征资本能在多大程度上预测其子女的中文水平发展状况？

　　（2）在社会、文化、经济和象征资本方面，华裔父母为其子女提升中文水平进行不同形式的资本投入，他们的预期回报是什么？

研究环境和人口

　　根据美国人口普查局（2016 年）的数据，在美国的中国人数已经达到 490 万，是美国最大的亚裔群体。在美国，5 岁及以上的人在家里说中文的人数超 330 万。在美国家庭使用最多的语言排序中，这个数字位居第三位（Luo，Li，& Li，2019）。在得克萨斯州，亚裔占人口的 5.4%，只有不到 1% 的人说中文（美国人口普查局，2020）。

　　华裔通过手机应用分享信息，相互沟通，并加入不同的群体，例如本研究中使用的微信。微信是华裔中最流行和最常使用的消息交流应用程序之一（Chen，et. al.，2018；Xie，et al.，2017）。本研究在得克萨斯州下面的休斯敦（Houston）、科珀斯克里斯蒂（Corpus Christi）和金斯维尔（Kingsville）三个城市的微信群里发放了调查问卷，这些微信群都是由华裔父母组成的。在科珀斯克里斯蒂的微信群里有 194 名华裔，金斯维尔的微信群里有 106 名华裔，休斯敦的微信群里有 500 名华裔，共计 800 名调查参与者。

根据得克萨斯州教育局（2020 年）的数据，2018—2019 年亚裔仅占学龄人口的 5%（见表 3-1）。金斯维尔只有 25 名亚裔学龄儿童（《德州论坛报》，2020 年），科珀斯－克里斯蒂有 1200 人，休斯敦约有 9 万人。这三个城市中的大多数学龄儿童是西班牙裔。相比之下，华裔学龄儿童在科珀斯克里斯蒂和金斯维尔较少。因此，本研究的大多数参与者来自休斯敦。

表 3-1　2019 年休斯敦、科珀斯克里斯蒂和金斯维尔的学龄人口

（单位：万人）

民族性	得州和三个城市							
	得州		休斯顿		科珀斯克里斯蒂		金斯维尔	
	n	%	*n*	%	*n*	%	*n*	%
亚洲	20	5	9	7	0.1	1	<0.1	1
白人	150	27	30	21	2	20	<0.1	10
西语系	280	53	60	51	8	76	<0.1	86
非裔美国人	70	13	20	18	0.2	2	<0.1	3
其他	8	2	4	3	0.1	1	<0.1	1
共计	528	100	123	100	10.4	100	<0.1	100

此外，这些群体中有很多人并不符合本研究的要求。本研究有三方面的要求：第一，参与者必须是 18 周岁以上的华裔，并在中国接受过九年义务教育。第二，他们必须有未满 18 周岁的子女。第三，他们的子女必须已经接受了正式的学校教育，这样便于比较他们的子女在学校和家中使用语言的情况，以及为了提高子女中文水平华裔父母所投入不同形式的资本状况。

微信群中不符合参与者标准的人包括：单身的中国留学生、儿童以及家中没有超过 18 岁子女的华裔。在 3 个微信群中，属于该年龄段的可能参与者数量约为 400 人。由于缺乏面对面的接触，在这些微信群里很难赢得所有人的信任，不少人因为担心受骗会不愿点开微信群里的调查链接，所以这也可能是造成本次研究参与者人数少（n＝171）的原因。研究者只能让熟人介绍的那些符合要求且对本研究感兴趣的人来完成问卷调查。下文介绍了华裔参与者及其学龄儿童的人口统计学情况。

参与者

定量研究阶段参与者

在休斯敦、科珀斯克里斯蒂和金斯维尔三个城市中，有学龄儿童的华裔父母是这项混合方法研究的目标参与者。为了解本研究的预估参与者人数，研究者率先使用 G-Power 3.1 计算数据收集的样本量，因为当我们将结果推广到人群时，较大的样本量才会更有说服力（Martin & Bridgmon，2012）。G-Power 3.1 是一个功能强大的功率分析软件，可在不同领域的研究中进行统计测试。为了使用 G-Power 计算样本量，本研究需要预先设定显著性水平（α=0.05）、效应大小（0.15）和统计功效水平（1-β=0.85）（Faul 等，2007）。

本研究的无效假设是：华裔父母投入的资本不能显著预测其子女的中文发展。选择的 α 水平是 0.05。如果结果小于 0.05，本研究将拒绝无效假设。这就意味着，拒绝研究假设的概率是有 5%。换句话说，研究者会冒着一定的风险去进行一项真正的无效假设（Martin & Bridgmon，2012）。

效应大小是指"自变量和因变量之间的关系强度"（Morgen，Leech，Gloeckner，& Barret，2015）。本研究的效应大小由皮尔逊相关系数（r 族）来衡量（Cohen，1988）。本研究使用 R^2，数值从 0 到 1 不等。当效应大小为 0.15（$R^2 = 0.15$）时，关系强度可以被解释为中等到典型（Morgen, et. al.）

常用的统计功效水平是 0.8（Morgen, et. al.，2015）。本研究使用了 0.85，这意味着"正确拒绝一个错误的无效假设"（Martin & Bridgmon，2012，p.48）的概率为 85%。本研究中采用的统计功效水平比常用的统计功效水平要高。计算出来的样本量是 95 个参与者。换句话说，研究者需要收集超过 95 份的调查问卷才能满足其研究的要求。

在定量阶段，研究者采用了方便抽样和滚雪球抽样（Creswell & Clark，2017）的方法。方便抽样是指，"在一定情境下，受访者的选择基于他们的便利性和可用性"（Creswell，2015，p. 158）。研究者还希望微信群里的朋友邀请他们的朋友来填写调查问卷，这就是滚雪球抽样。总体来看，在收到的 400 份问卷中，共有 171 份是从 3 个微信群里收集到的卷。在 171 份问卷

中，有 123 份（72%）问卷是有效和完整的，这符合研究需要的样本量（见表
3-2）。

表 3-2　调查的现状

（N = 171）

状况	n	%
不完整的调查	45	26.3
无效的调查	3	1.8
有效调查	123	71.9
共计	171	100

在 171 份问卷中，有 45 份（26.3%）是不完整的，有 3 份参与者的信息
是无效的（其中，一位参与者的孩子已经超过 18 岁，另两位参与者的孩子还
未上学）。本研究中用于进一步分析的有效调查问卷共有 123 份，超过了 95
份，超出了预期的样本量。下文介绍了已完成调查的华裔参与者（调查的 A
部分）的人口统计学情况。

父母的基本信息

表 3-3 提供了 123 位参与者的人口统计学资料。大多数参与者（83.7%）
是女性，男性参与者仅占 16.3%。本研究中 123 位华裔父母的平均年龄为 40.68
岁，在美国生活的平均年限为 11.67 年（约 12 年）。也就是说，大多数参与
者在中国长大，在 20 多岁时来到的美国。参与者的教育水平从低于高中（0.8%）
到博士学位（14.6%）不等。超过 1/3（38.2%）的参与者拥有硕士学位，27.6%
的参与者拥有学士学位。换言之，拥有大学以上学历的人数占总参与者的
80.4%。大多数参与者已经在美国生活了 12 年，并且受过良好的教育。

表 3-3　华裔参与者的人口统计资料

（N = 123）

变量	n	%	n（缺失）	%（缺失）
性别				
男性	20	16.3		
女性	103	83.7		
共计	123	100		
年龄（岁）				
平均值±SD	40.7 ± 5.7			
共计	118	95.9	5	4.1
教育水平				
低于高中	1	0.8		
高中学历	4	3.3		
贸易/技术/职业培训	3	2.4		
上过大学，没有学位	15	12.2		
学士学位	34	27.6		
硕士学位	47	38.2		
博士学位	18	14.6		
共计	122	99.2	1	0.8
年收入（美元）				
不到20，000	21	17.1		
20，000-34，999	14	11.4		
35，000-49，999	16	13.0		
50，000-74，999	23	18.7		
75，000-99，999	12	9.8		
超过100，000	35	28.5		
共计	121	98.4	2	1.6

续表

变量	*n*	%	*n*（缺失）	%（缺失）
在美国生活的年数				
平均值±SD	11.7 ± 5.4			
共计	110	89.4	13	10.6
在家使用的语言				
中文占主导地位	95	77.2		
英语占主导地位	3	2.4		
英语和中文均可	20	16.3		
其他语言	5	4.1		
共计	123	100		
花在中文学习上的钱/年（美元）				
0-999	87	70.7		
1000-1999	20	16.3		
2000-2999	8	6.5		
超过 3000 人	8	6.5		
共计	123	100		
带子女去中国的次数/年				
每年一次以上	8	6.4		
每年一次	85	69.1		
从不	29	23.6		
共计	122	99.2	1	.8

77.2%的参与者在家里说中文，16.3%的参与者在家里同时使用中文和英语。只有极少数参与者（2.4%）在家里只说英语。从本研究中来看，在某种程度上，华裔参与者的年收入反映了他们的教育水平。41.5%参与者的个人年收入低于 5 万美元。近 30%参与者的个人年收入超过 5 万美元，28.5%参与者的个人年收入在 10 万美元以上。然而，70.7%参与者在子女的中文学习上每年花费不到 999 美元，只有 13%参与者在这项花费中超过了 2000 美元。换句

话说，大多数人（87%）每年花在子女中文学习上的费用低于 1999 美元。

调查显示，只有 6.4%（n = 8）的参与者在一年内带孩子回中国超过一次。相比之下，69.1%（n = 85）的参与者在一年内仅带他们的孩子回中国一次。近 1/3（23.6%）的参与者在来到美国后从未回过中国。

总体来说，本研究中的大多数参与者是女性（n = 103）。大多数参与者在 20 多岁时就来到了美国。大多数参与者已经在美国已经生活了 12 年，且他们中的大多数人都拥有大学及以上学历。超过一半的参与者收入超过 5 万美元，但有近 90%的参与者每年花在孩子学习中文上的费用不到 1999 美元。他们中的大多数人在家里说中文，因为中文是他们生活中最主要和最舒适的语言。70 名参与者均有两个孩子，其中 55 名参与者只有一个孩子。以下是参与者子女的人口统计学信息（n = 195）。

孩子的基本信息

本研究的参与者分享了 195 名子女的相关信息，其中，有 20 份调查问卷是不完整或无效的。在 175 名子女的有效数据中（见表 3-4），男孩占了 46%，女孩占了 54%。他们的年龄从 4 岁到 17 岁不等。大多数参与者的子女（76.6%）出生在美国，只有 22.3%的出生在中国。在中国出生的参与者的子女在很小的时候就来到了美国。据统计，他们的平均年级是小学四年级。

表 3-4　参与者子女的人口统计数据

（N = 175）

变量	n	%	n （缺失）	% （缺失）
性别				
男性	81	46.3		
女性	94	53.7		
共计	175	100		

续表

变量	n	%	n（缺失）	%（缺失）
年龄（岁）				
平均值±SD	9.2 ± 3.4			
共计	160	91.4	15	8.6
出生地				
中国	39	22.3		
美国	134	76.6		
其他	2	1.1		
共计	175	100		
年级	3.9 ± 3.2			
共计	172	98.3	3	1.7
抵达美国的年龄	1.8 ± 3.2			
共计	158	90.3	17	9.7
是否参加中文学校？				
是	83	47.4		
否	92	52.6		
共计	175	100		
正式学习中文的年限	2.5 ± 3			
共计	160	91.4	15	8.6
在家使用的语言				
中文占主导地位	81	46.3		
英语占主导地位	34	19.4		
英语和中文均可	52	29.7		
其他语言	8	4.6		
共计	175	100		

续表

变量	n	%	n（缺失）	%（缺失）
与直系亲属交谈时的语言				
中文占主导地位	60	34.3		
英语占主导地位	52	29.7		
英语和中文均可	55	31.4		
其他语言	8	4.6		
共计	175	100		
与大家庭成员交谈时语言				
中文占主导地位	108	61.7		
英语占主导地位	28	16.0		
英语和中文均可	27	15.4		
其他语言	12	6.9		
共计	175	100		
对朋友说的语言				
中文占主导地位	15	8.6		
英语占主导地位	124	70.9		
英语和中文均可	34	19.4		
其他语言	2	1.1		
共计	175	100		
在学校使用的语言				
中文占主导地位	3	1.7		
英语占主导地位	157	89.7		
英语和中文均可	12	6.9		
其他语言	3	1.7		
共计	175	100		

　　在调查中发现，超过一半（52.6%）的参与者子女不在中文学校上学，47.4%参与者子女在中文学校上学。据参与者表示，他们的子女正式学习中文的平

均年限为 2.49 年（*SD*=3）。其中，46.3%的参与者子女在家里说中文，19.4%的参与者子女在家里说英语，29.7%的参与者子女在家里同时使用中文和英语。当与直系亲属交谈时，根据参与者反馈的问卷结果显示，有 34.3%的子女使用中文，有 29.7%的子女使用英语，31.4%的子女同时使用英语和中文。

统计数据显示，当与大家庭成员交谈时，有 61.7%的参与者子女说中文，16.0%的说英语，15.4%的同时使用英语和中文。这就意味着，当参与者子女与大家庭成员交谈时，他们会更多地使用中文。相比之下，当他们与朋友交谈时，只有 8.6%的参与者子女会使用中文，70.9%的参与者子女选择使用英语交流。此外，大多数（89.7%）参与者子女在学校讲英语。

整体来看，大多数（76.6%）参与者的子女在美国出生。超过一半的参与者子女（52.6%）没有上过中文学校。只有不到一半的参与者子女（46.3%）在家里说中文。大多数参与者子女（61.7%）只对大家庭成员说中文，而绝大多数（70.9%）参与者的子女使用英语与朋友交流。当分析调查数据后，研究者根据调查结果招募了参与者进行访谈。

定性研究阶段的参与者

根据 Creswell 和 Clark（2018）的相关研究理论，定性研究没有明确的样本量，只要有"足够的定性信息，这样就可以形成有意义的主题，为选定的定性结果提供解释"（p. 191）。本研究在这个阶段采用了目的性抽样，这"意味着研究人员有意选择那些经历过研究中的中心现象或关键概念的参与者"（Creswell & Clark，2018，p. 176）。定性结果被用来帮助解释最初的调查结果，所以定性阶段的参与者被建议为"参与定性数据收集的个人的子集"（Creswell & Clark，2018，p. 190）。

定量阶段有 123 份有效和完整的调查问卷，研究者考虑并选择了能够从定量数据分析中提供重要结果的参与者（Creswell，2015）。其中，11 位参与者符合条件，7 位参与者同意参与深度访谈。访谈是通过微信语音电话进行的，每位参与者的访谈时间约为 40 分钟。为了确保准确记录参与者的回答，研究者对所有的访谈进行了录音，然后进行了最终撰写。7 位参与者回答了关于他们子女的问题,为保护参与者的隐私,文中涉及的参与者名字都采用了化名。表 3-5 是 7 位参与者的人口统计学信息。其中,女性占 71.4%(5 人),男性占 28.6%(2 人)。所有参与者在访谈中都选择使用中文。

表 3-5 华裔参与者的人口统计数据

(N = 7)

变量	妻子和丈夫		贝拉	凯瑟琳	戴安娜	艾米丽	杰克
	安娜	约翰					
性别	女性	男性	女性	女性	女性	女性	男性
年龄(岁)	42	42	47	39	38	45	40
教育水平	博士学位	硕士	学士	学士	硕士	一些大学	硕士
在美国的年数	15	15	7	5	10	6	13
语言在家	中文	中文	中文	中文	中文	中文	中文
回中国次数/年	1	1	1	1	1	0	1

访谈参与者的年龄范围为 38～47 岁。他们在美国的平均生活年限为 10 年。他们的教育水平从上过大学到拿到博士学位不等。大多数参与者(85.7%)有大学以上学历,其中,57.1%(4 人)的访谈参与者接受过研究生教育。所有参与者都表示他们在家里讲中文。参与问卷调查人员中的大多数(69%)每年暑假都会带子女回中国一次。7 位访谈参与者分别讲述了 8 个子女的中文水平情况(见表 3-6)。其中有 4 个男孩和 4 个女孩。4 个孩子出生在美国,另外 4 个出生在中国。他们中的一半在中文学校就读,另一半则没有。

表 3-6 访谈中的儿童的人口统计数据

(N = 8)

父母	安娜和约翰		贝拉		凯瑟琳	戴安娜	艾米丽	杰克
儿童	阿德里安	爱丽丝	鲍勃	贝蒂	凯茜	大卫	艾拉	伊森
性别	男性	女性	男性	女性	女性	男性	女性	男性
年龄(岁)	10	7	13	10	10	9	13	11

续表

父母	安娜和约翰		贝拉		凯瑟琳	戴安娜	艾米丽	杰克
儿童	阿 德 里安	爱丽丝	鲍勃	贝蒂	凯茜	大卫	艾拉	伊森
出生地	美国	美国	中国	中国	中国	美国	中国	美国
等级	4	1	7	4	4	3	7	4
抵达美国的年龄	0	0	0	0	6	0	8	0
中文学校（年）	0	0	5	3	3	0	0	4
在家语言	中文	中文	中文	中文和英语	英语	中文和英语	中文	中文和英语
中文听力、口语	高	高	高	中型	中型	低到中等	高	高
中文阅读、写作	高	低	高	低到中等	低到中等	低	低	中型
回中国次数（每年）	一次	一次	一次	一次	一次	很少	无	一次

　　访谈参与者安娜（女）42 岁，拥有博士学位。她已经在美国待了 15 年。安娜和她的丈夫约翰表示，他们 2 个孩子的中文水平都很高，而且并没有在美国的中文学校上学。访谈参与者贝拉（女）47 岁，拥有学士学位。贝拉已经在美国待了 7 年，有 2 个在中国出生的孩子。她会为自己的孩子提供一对一的中文辅导。贝拉表示，她的儿子鲍勃中文水平非常好。访谈参与者凯瑟琳（女）39 岁，拥有学士学位。根据她的讲述，其女儿凯茜出生在中国，但她在家里并不说中文。凯茜在 6 岁时被带到美国。在美国凯茜每周都会在一个小型中文班学习中文阅读和写作，但凯瑟琳说，凯茜的中文水平并不高。访谈参与者戴安娜（女）38 岁，拥有硕士学位。她已经在美国生活了 10 年。戴安娜和孩子在家里和公共场所中都会说中文，她没有把儿子大卫送到中文

学校。戴安娜说在美国出生的大卫的中文水平很低。访谈参与者艾米丽（女）没有大学学位。艾米丽的女儿艾拉在 8 岁时被带到美国。艾拉与艾米丽使用中文交流，因为艾米丽不会说英语。杰克的儿子伊森在家里使用中文和英语，伊森已经在中文学校学习了 4 年。杰克表示，他儿子的中文水平中等。

研究工具

定量研究阶段的研究工具

在定量阶段，本研究改编了一份题为"华裔父母对子女学习中文投入的资本和他们子女的中文传承水平"的调查，来收集数据（见附录 D）。这项调查最初是由 Mu（2015）设计的，旨在研究成人中文学习者的投入资本以及预测他们在澳大利亚的中文水平。研究者得到许可，修改了 Mu 的调查问卷和他的访谈问题（见附录 C），采用了原有调查问卷中的 16 个项目，用于衡量中文国际教育中成人学习者所投入的经济、社会、文化和象征资本，以及 4 个项目用于衡量成人学习者的中文水平。该调查经过修改，增加了 7 个项目（见表 3-7），以调查华裔父母投入的经济、社会、文化和象征资本。此外，在原来的 4 项语言能力测量中，又增加了 6 个项目。

表 3-7　华裔父母资本调查问卷的四个部分

项目	描述	问题编号	项目数量
A 部分	父母的人口统计信息	1-8	8
B 部分	华裔父母的资本	1-23	23
C 部分	子女的人口统计信息	1-11	11
D 部分	父母对孩子的评估 语言能力	1-10	10
共计			52

本次调查问卷由四个部分组成，共包含 52 个项目。其中，A 部分包括 8 个关于华裔父母的人口统计学问题；B 部分包括 4 个关于华裔父母的资本问题，

共 23 个项目，用以衡量华裔父母的经济、文化、社会和象征资本；C 部分有 11 个关于华裔父母的子女的人口统计学问题；D 部分有 10 个关于华裔父母对孩子的评估方面的问题，以衡量子女的中文水平。

研究人员在 A 部分和 C 部分制定了人口统计学项目，在 B 部分和 D 部分的所有调查项目中采用 5 级李克特量表，从强烈不同意（1 分）到强烈同意（5 分）。B 部分包括 23 个问题，用来衡量华裔父母的经济、文化、社会和象征资本（见表 3-8）。其中，有 4 个问题与华裔父母的经济资本有关，有 8 个问题与其文化资本有关，有 6 个问题与其社会资本有关，有 5 个问题与其象征资本有关。

表 3-8　B 部分：华裔父母的资本

	自变量	问题编号	项目数量
1	经济资本	1-4	4
2	文化资本	5-12	8
3	社会资本	13-18	6
4	象征资本	19-23	5
	共计		23

关于华裔父母的资本（B 部分）和他们子女的中文发展的相关问题（C 部分）是如何改编和开发的，我们做了详细说明（见表 3-9）。

表 3-9　华裔父母资本调查问卷

科目	描述	数量	状况
A 部分	父母的人口统计学信息	1-8	自己编写
B 部分	华裔父母的资本	1，2，3，4，5，6，	改编
		7，8，9，10，11，	
		12，14，15，16，18，	
		19，20，21，22，23	
		13	未有变化
		17	添加

续表

科目	描述	数量	状况
C 部分	子女的人口统计学信息	1-11	自己编写
D 部分	家长对孩子语言能力的评估	1，2，6，9	改编
		3，4，5，7，8，10	已开发

A 部分主要是华裔父母的人口统计信息（Q1-Q8），包括 8 个方面的问题，分别为：华裔父母的性别、年龄、教育水平、个人年收入、在美国生活的年限、为子女学习中文的花费以及他们带子女回中国的频率。这些项目均是由研究者设计的。

B 部分主要是华裔父母的资本（Q1-Q23），这一部分的 23 个项目与华裔父母拥有的四种形式的资本有关，即经济（Q1-Q4）、文化（Q5-Q12）、社会（Q13-Q18）和象征资本（Q19-Q23）。原有的 16 个项目被改编为衡量华裔父母的资本，而非成人中文学习者的资本。例如，原来的项目是"如果我想去中国旅行，钱不是问题"（Mu，2015）。现在的项目是"如果我想和我的孩子/子女一起去中国旅行，钱不是问题"。研究者还增加了项目 14（"我的孩子/子女的大部分朋友都是华裔"）与项目 13（"我的大部分朋友都是华裔"）作比较。此外，项目 7（"我总是通过看电视、听广播或上网来和我的孩子/子女一起了解当前的中国事务"）被分为 3 个方面，用来区分父母和子女一起获取有关中国事务信息的三种方式。

C 部分主要是华裔父母的子女的人口统计学信息（Q1-Q11）。这一部分涵盖了 11 个与华裔父母子女的人口统计学信息相关的问题，这些问题主要包括子女的性别、年龄、出生地、年级、到达美国的年龄、正式学习中文的年限以及他们在家中和学校使用的语言种类。

D 部分主要是华裔父母对子女语言能力的评估（Q1-Q10）。该部分的 10 个项目旨在衡量华裔家庭中子女的中文水平，包括他们的听力（Q1-Q3）、口语（Q4-Q5）、阅读（Q6-Q8）和写作（Q9-Q10）能力。在 Mu 的研究（2015）中，只有 4 个项目用于测量澳大利亚成人学习者的中文水平。有 3 个项目从衡量成人中文学习者的中文水平改编为衡量儿童中文学习者的中文水平，包括项目 1、项目 6 和项目 9。例如，当前的项目 6 "我的孩子可以很容易地阅读他们的中文课本"就是由 "我可以很容易地阅读中文课本"改编而来的。此外，"当我的家人和朋友用中文和他/她交谈时，我的孩子可以很容易地理解他们"被分为 2 个项目，用于区分家人和朋友，即项目 1 和项目 2。研究者开发了项目 3-8 和项目 10。原来的项目 "我可以轻松地用中文处理复杂的情况，如银行业务、买房或买车"被删除，因为 18 岁以下的儿童无论其中文水平如何，都没有能力处理这些情况。以下部分将提供本研究中使用的调查的可信度。

调查问卷的信度

本研究使用 Cronbach's alpha 来测量问卷的内部一致性和可靠性，因为它 "通常是在有几个 Likert 类型的项目时加起来构成一个综合得分或加权量表时使用"（Morgan，et al.，2013，p.111）。Cronbach's alpha 用于检查 "旨在衡量同一概念的问卷上的几个项目"（Morgan et al，2013，p. 110）。调查中经济、社会、文化和象征资本各分量表的可靠性指数计算结果见表 3-10。四个分量表的 Cronbach's alpha 在 0.5～0.8 之间。社会资本的 Cronbach's alpha 是唯一低于 0.7 的。换句话说，社会资本子量表是最不可靠的。问卷的总体 Cronbach's alpha 为 0.8，这被认为是可以接受的（Morgan et al，2013；Streiner，2003），并证明了内部的一致性。

表 3-10　四个调查自量表的 Cronbach's Alpha

	自量表	项目数量	问题	n	阿尔法
1	经济资本	4	1-4	123	0.7
2	文化资本	8	5-12	123	0.8
3	社会资本	6	13-18	123	0.5
4	象征资本	5	19-23	123	0.8
	共计	23			0.8

Mu（2015）使用四项语言能力模型考察了澳大利亚成人中文学习者的听、

说、读、写能力。Mu 的模型的 Cronbach's Alpha 为 0.95。本研究对该模型进行了修改，要求华裔家长评估他们子女的中文发展。本研究考察了当前模型的可靠性，α 值为 0.92，显示了一致性（Morgan et al，2013）。此外，本研究还考察了当前问卷的内容有效性，在下面的章节中会进行相应说明。

调查问卷的效度

内容证据"是指构成工具的内容是否合理地代表了人们试图测量的概念"（Morgan et al，2013，p. 112）。首先，本研究选择了一个由 5 人组成的专家小组（n = 5）。研究者要求由 2 名教育领域的副教授组成内容专家，再由 3 名中文学习者的华裔家长作为非专业专家，分别是张博士（女）、刘博士（男）和张博士（男），由他们对问卷的语句进行审核。这 3 位非专业专家不属于研究参与者（Zamanzadeh et al.，2015）。根据专家组提供的反馈意见，计算出了内容效度指数（CVI）。

通过计算项目层面（I-CVI）和量表层面（S-CVI）的 CVI，以证明问卷中的项目的相关性和清晰性。I-CVI 为 100%，可以认为是适当的，因为它高于79%（Zamanzadeh 等人，2015）。量表水平（A 部分、B 部分、C 部分和 D 部分）要求专家之间达成普遍一致性，这一点已经实现（见附录 F）。通过对内容效度的检查，问卷是有效的。内容效度比（CVR）的结果表明该项目在问卷中是否合适和相关，结果是 1.0。该工具可以被接受（Taherdoost，2016）。

定性阶段的研究工具

研究人员被认为是定性研究的关键工具（Creswell，2015；Marshall & Rossman，2014）。研究者正在得克萨斯州攻读双语教育博士学位，她的母语是中文，曾在中国把英语作为第二语言教给中国学生 11 年，所以研究者了解并有学习英语和说中文的经验。

研究者有一个 9 岁的女儿，她是美国一所公立小学四年级的学生，研究者近 4 年来一直在家里帮助她的女儿学习中文和英语。这使研究者能够更好地了解在一个以英语为主导的社会中，华裔父母的子女的中文发展情况。该中国儿童及其父母的社交活动为研究者提供了更多接触华裔父母的机会，研究者可以在定性阶段能够更加充分理解参与者。

在定性阶段，本研究利用了改编自 Mu（2015）研究的访谈问题以及研究者在 2018 年秋季进行的试点研究中的问题。本研究采用半结构化的访谈问题，进行深入和一对一的访谈，考察中国父母以不同形式的资本投入到子女的中文水平中的预期回报。定性阶段共有 14 个访谈问题。问题 2、6、10、12 和 14 是由研究者制定的，并在试点研究中进行了考察。其他 9 个问题（问题 1、3、4、5、7、8、9、11 和 13）是根据 Mu（2015）的研究改编的，用来考察华裔父母在子女中文发展中投入资本的预期回报。当调查和访谈问题准备好后，研究者首先收集调查数据，然后再收集访谈数据。

研究过程

这种解释性的顺序混合方法研究涉及两个阶段的研究，即定量阶段（问卷调查）和定性阶段（访谈）。学术审查委员会批准了这项研究。首先收集定量数据，然后完成后续的定性数据收集。

定量研究阶段

在 Survey Monkey.com 建立了一个在线调查链接，该链接于 2020 年 6 月 22 日在美国的三个微信群（休斯敦、科珀斯-克里斯蒂和金斯维尔）中进行了分发。该调查为期 20 天，于 2020 年 7 月 13 日结束。调查链接首先在科珀斯-克里斯蒂微信群中发布，但是只有 4 个人回应。研究人员在群里发布了研究者的自我介绍和联系信息。然而，这并没有提高回复率。

研究员在金斯维尔和休斯敦的另外 2 个微信群中发布调查链接（2020 年 7 月 14 日），并邀请她的朋友或鼓励她的微信好友完成调查问卷。虽然回复率提高了，但仍有很大一部分参与者没有完成调查。研究人员在微信群中公布了自己的联系方式，并主动帮助回答参与者的问题，每 3 天发布一次鼓励参与的信息。

在问卷的第 1 页是参与问卷的同意书，同时提供了是否同意或拒绝参与的选择。如果他们点击 "同意"，则将进入下面的部分。受访者的人口统计信息会被收集起来，像是受访者的性别、年龄和教育水平等都可以采取匿名，这些信息会进行保密处理。那些愿意参与后续定性阶段的参与者会被邀请在调查结束时留下他们的电子邮件或电话号码，以便进一步联系（见附录 D）。

定性研究阶段

当问卷调查于 2020 年 7 月 13 日结束时，研究人员将数据从 Survey Monkey.com 下载到 SPSS 25.0 进行了描述性数据分析和多元回归分析。根据统计学上有显著意义或无显著意义的结果（Creswell & Clark，2017），选择了 11 名参与者进行了下一步的访谈。研究者通过微信或电子邮件与这 11 名参与者一一联系，其中 7 名参与者同意通过微信语音通话参与访谈。访谈是根据参与者的时间和便利性来安排进行的，时间为 2020 年 7 月 15 日至 2020 年 7 月 18 日。

研究者通过微信进行了一对一的深度在线访谈，来调查华裔父母以不同形式的资本投入到他们子女的中文发展中的预期回报。为方便参与者参与访谈，3 个访谈在白天进行，4 个访谈在晚上进行。访谈进行了录音，然后由研究人员进行了转录。当研究者将访谈转录完成后，研究者开始进行数据分析。

数据分析

当收集到定量阶段的调查数据（n = 171）时（2020 年 7 月 21 日），研究者进行了定量数据分析，因为在后续的定性数据收集（访谈）中，这种顺序的混合方法研究取决于调查结果。访谈的 7 名参与者是根据调查的数据分析，从最具代表性的参与者中招募的。因此，本研究首先进行定量数据分析，然后是定性分析（访谈）。

定量研究阶段

本研究利用社会科学统计软件包（SPSS 25.0 版）软件程序来分析定量数据（调查）。数据从 Survey Monkey.com 下载，然后检查并编码到 SPSS 25.0。该研究提供了人口统计学、自变量和因变量的描述性数据和频率。然后进行了内部一致性、可靠性统计和分层多元线性回归。

本研究进行了分层回归分析，在控制了华裔父母和其子女的人口统计学变量后，在第一组变量的基础上增加了两组变量，以研究华裔父母的社会、文化、经济和象征资本对其子女的中文水平有多大程度的预测。这种方法"研究者能够看到每一个新的变量是否会对以前的变量产生的预测进行补充"（Leech et al.，2015，p.125）。

本研究首先建立了一个模型，其中输入了华裔父母子女的 12 个人口统计学变量,如子女移民到美国的年龄和子女正式学习中文的年限等(见表3-11)。华裔父母的 8 个人口统计学变量，如性别、年龄、教育水平、年收入、在美国生活的年数、在家里使用的语言、子女学习中文的花费以及他们把子女带回中国的频率，这些都被视为一个新的变量，并被添加到第二个模型中。四个资本变量，即华裔父母的社会、文化、经济和象征资本被添加到第三个模型中。对这三个模型的分层回归分析结果进行了比较，以考察自变量对华裔父母的子女的中文水平的预测程度。

表 3-11　预测子女中文发展的三组变量

预测变量	数量	变量
子女的人口统计学变量	12	性别
		年龄
		出生地
		年级
		抵达美国的年龄
		是否参加中文学校
		正式学习中文的年限

续表

预测变量	数量	变量
		在家使用的语言
		与直系亲属交谈的语言
		与大家庭成员交谈时的语言
		与朋友交谈时的语言
		在学校使用的语言
父母的人口统计学变量	8	性别
		年龄
		教育水平
		年收入
		在美国的年数
		在家中使用的语言
		在子女中文学习上的花费
		与子女一起去中国的次数
资本的变量	4	经济资本
		文化资本
		社会资本
		象征资本

分层回归分析方法是为了"分析两个或多个自变量与因变量的关系程度"（Martin & Bridgmon，2012，p. 73）。当研究者知道输入预测变量的顺序时，分层法是比较好的（Leech et al.，2015）。分层回归分析方法被用来观察 "每组新的变量是否会对之前的变量产生的预测进行补充"，并"控制或消除之前的变量对预测的影响"（Leech et al.，2015，p.125）。

在定量阶段（调查）中使用了分层回归分析，来研究在控制或消除华裔父母及其子女的人口统计学变量后，华裔父母投入的社会、文化、经济和象征资本将如何影响其子女的中文水平。因此，研究者在第一组中输入的是华裔父母子女的人口统计学变量，然后在第二组中输入的是华裔父母的人口统计学变量。经济、文化、社会和象征这四种形式的资本被放在第三组中，它们是自变量。华裔父母子女的中文水平是因变量（见表3-12）。

表 3-12 分层回归分析中的变量

变量	平均值	总分	*SD*
自变量			
经济资本	13.4	20	0.27
文化资本	25.3	40	0.42
社会资本	21.3	30	0.26
象征资本	15.9	25	0.30
因变量			
子女的中文水平	29.7	50	8

数据缺失

数据缺失在教育研究中很常见，尤其是在基于调查的研究中（Cheema，2014）。本研究进行了缺失值分析，以检查变量（Leech et al.，2015）中的数据缺失模式。结果表明，有18种数据缺失的模式。其中，最常见的模式是没有数据缺失。第二种常见的模式是只有一个数据缺失，占比为5%～10%（Leech et al，2015）。其中，11个变量没有缺失数据。

6个变量有数据缺失，但只有1个变量有10%左右（在美国生活的年限）的数据缺失。结果表明，多重归因法对于本研究来说是不可取的。因此，本研究在数据分析中使用列表删除法来处理缺失数据。定量分析后，根据调查结果招募了定性参与者。后续的定性结果（访谈）被用来解释调查问卷的结果。

定性研究阶段

在定性阶段（2020年7月15日至2020年7月18日），对访谈进行了录音，然后对参与者使用的语言进行逐字记录。中文记录本由受访者检查后，由得克萨斯州的一位中国教育学者对其进行校对，以保证转录后的访谈质量，并确保转录的准确性和可靠性。研究者阅读后又重读了记录稿，对文本中的句子进行了标注和编码，然后根据经济、文化、社会和象征资本方面的回报确定了主题，并采用了演绎式主题分析法进行研究。换句话说，研究者通过遵循理论框架来指导定性数据分析（Bloomberg & Volpe，2016）。

　　转录本是手工编码的。在编码过程中，研究者遵循了"随着编码数据的积累和他看到的模式而产生类别"的原则（Marshall & Rossman，2014，p. 213）。除了主要类别，研究者在分析访谈数据时还报告了其他出现的类别，以解释定量阶段的发现。

　　为了确保结果的有效性和可靠性，本研究采用了"受访者验证和成员检查"（Creswell，2015，p. 47）的方法。得州的一位中国教育学者被邀请检查笔录（2020 年 7 月 21 日），然后参与者被邀请检查主题和结果是否证明了他们在提升子女的中文水平中投入的资本的预期回报，这就是"成员检查"（Bloomberg & Volpe，2016，p.163），在 2020 年 7 月 30 日完成。在分析定性数据时，研究者考察了结果是否能解释定量阶段（调查）收集的数据，以回答华裔父母从子女的中文发展中获得的预期回报以及他们投入到提升子女中文发展中的社会、文化、经济和象征资本。

　　该研究提供了关于华裔父母及其子女的人口统计学的描述性统计。本研究提供了自变量和因变量、内部一致性可靠性统计，并在定量阶段（访谈）进行了分层多元线性回归。在定性阶段（访谈），研究者对访谈记录进行人工编码，然后使用演绎主题分析，根据华裔父母对经济、文化、社会和象征这四种形式的资本的预期回报，确定了五个主题。尽管如此，本研究仍然存在局限性。

局限性

这项混合方法研究存在着局限性。第一个局限性源于数据收集。本研究收集的数据主要来自美国的得克萨斯州，因此，研究结果在其他州或地区的可推广性是主要关注点。由于研究的样本有限（n = 800），因此对其他华裔父母的普适性也可能会受到限制。第二，在定量研究阶段，本研究采用了方便抽样和滚雪球抽样，而非随机抽样，这限制了研究结果的可推广性。第三，本研究要求华裔家长评估他们子女的中文水平，而不是使用标准化的测试。因此，数据是基于父母的看法，他们对其子女中文水平的评估有可能是主观的和不准确的。因为得克萨斯州的参与者分散在 3 个城市，几乎不可能进行标准化的测试来评估他们子女的中文学习情况。

章节总结

本章着重介绍了混合方法研究，提供了研究设计和问题、背景和人群、参与者、工具、程序，然后是数据分析和章节总结。下一章将介绍这项混合方法研究的解释性顺序研究成果。

第四章　研究成果

介绍

　　本章提供了混合方法研究的数据分析结果。定量研究阶段的分层回归分析结果解决了第一个研究问题，并为华裔父母的资本如何预测其子女的中文水平提供了帮助。定性研究阶段的访谈解释了基于对子女中文发展的不同形式的资本投入，华裔父母在经济、社会、文化和象征资本方面的预期回报。本章从研究背景的总体数据开始，回顾了第三章中提供的人口统计数据，以帮助回答研究问题。

第一个研究问题

华裔父母的四种资本

　　第一个研究问题是华裔父母投入子女中文发展中的社会、文化、经济和象征资本在多大程度上可以预测他们子女的中文水平。量化阶段的自变量是华裔父母投入子女中文发展中的四种不同形式的资本，包括经济资本、文化资本、社会资本和象征资本。定量阶段的因变量是华裔父母子女的中文水平，包括中文的听、说、读、写。

　　以"华裔父母投入子女中文发展中的资本与其子女中文水平"为调查对象，收集了华裔父母投入子女中文发展中的资本与子女中文水平的定量数据。利用分层回归分析（Barrett， et al.，2015）数据，在控制了华裔父母及其子女的人口统计变量后，检验了华裔父母的社会、文化、经济和象征资本对其子女中文水平的预测效果。目的是调查华裔父母的四种资本形式是否可以预测其子女的中文水平，以及哪种资本形式对子女中文水平有显著预测作用。研究结果可以帮助华裔父母调整他们在提升其子女中文发展中的资本投入，以此来提高其子女的中文发展水平。作为自变量的经济、文化、社会和象征资本将在以下章节中进行解释。

经济资本

经济资本被认为是文化和社会资本的基础（Bourdieu，1986）。例如，华裔父母可以利用他们的经济资本购买文化商品，参与文化活动。经济资本的平均值为 13.4/20（$SD = 0.27$）（参见第三章中的表 3-12），这表明大多数参与者（n = 123）有体面的收入来支付孩子的中文学习费用。这一结果与华裔父母的人口统计信息是一致的。

如华裔父母的人口统计学数据所示（见第三章表 3-3），年收入超过 5 万美元的参与者（n = 123）占 57%，年收入超过 10 万美元的占近 1/3（28.5%）。他们中的大多数(79.7%)愿意负担子女的中文学习材料(见附录 I 中的表 I1)。39%的参与者表示可以负担得起带子女去中国旅行的费用。然而，大多数参与者（70.7%）每年在子女的中文学习中的花费不到 999 美元。研究结果表明，华裔父母对子女中文学习的经济资本投入与其年收入不成比例。

文化资本

文化资本包括内含化、具现化和制度化的文化资本（Bourdieu，1986）。文化资本的平均值为 25.3 / 40 （$SD = 0.42$）（见第三章表 3-12），这表明大多数参与者（n = 123）已将他们的文化资本投入到了子女的中文学习中。这一结果与本研究中华裔父母的人口统计学信息相符。

内含化的文化资本是通过问卷中父母对中国语言和文化重要性的态度来衡量的。有 84.5%的参与者认为学习中文对孩子很重要（见附录 I 表 I2），该项目的平均值为 4.12（$SD = 1$）。这表明华裔父母在对子女学习中文的重要性上持积极态度。

在本次调查中，具现化的文化资本是由"参观博物馆的次数"和"家里拥有的书籍"来衡量的。超过 40%的调查参与者赞同，他们会陪同子女去美国的图书馆、博物馆等（见附录 I 中的表 I2）。然而，在 Q12 的回答中，大约 40%的参与者没有投入大量时间与子女一起参与中国文化活动（$M = 2.8$）。

父母的教育水平可以看作是制度化的文化资本（Bourdieu，1994）。超过1/3 的华裔父母（38.2%）拥有硕士学位；27.6%拥有学士学位；14.6%具有博士学位（见第三章表 3-3）。换句话说，他们中的大多数（80.4%）拥有大学以上学位。大多数参与者（69%）每年带孩子回中国一次（见第三章表 3-3）。研究结果表明，调查问卷参与者拥有文化资本，他们也会将一定的文化资本投入到子女的中文学习中。当然，参与者仍需要增加对子女中文学习中的文化资本的投入。

社会资本

调查华裔父母的社交网络，以及他们如何将子女融入到自己的社交网络中，来促进子女的中文发展（Bourdieu，1986）。社会资本的平均值为 30 中的21.3（$SD = 0.26$）（参见第三章中的表 3-12），这表明大多数参与者（n = 123）拥有可以投资于子女中文学习的社会资本。近 70%的参与者表示他们的大多数朋友都是华裔（见附录 I 中的表 I3）。近 60%的参与者表示他们子女的朋友也是华裔。然而，大多数华裔父母却并不倾向于让他们的子女完全融入中国社会群体（$M = 2.86$，$SD = 0.96$）（见附录 H 中的表 H3）。

大多数参与者（89.4%）赞同他们的子女有必要学习中文（Q17）（见附录I 中的表 I3）。换句话说，大多数参与者都意识到中文学习对其子女的必要性。尽管华裔参与者主要与华裔朋友交往，但近 40%的参与者倾向于他们的子女要与不同种族的朋友交往，而不仅仅是与华裔群体待在一起。结果表明，本研究的华裔参与者拥有社会资本，但他们并没有为子女的中文学习投入足够的社会资本。

象征资本

象征资本包括可以通过他人的认可而积累的资源，例如荣誉、名声和声誉（Mu，2015）。象征资本的平均值为 25 中的 15.9（SD = 0.3）（参见第三章中的表 3-12），这表明大多数参与者（n = 123）拥有可以投资于子女中文学习的象征资本。结果显示，55.3%的人赞同子女周围的人重视中国传统（见附录 I 中的表 I4）。近半数的受访者一致认为，他们子女的中文能力受到周围人的好评。作为因变量的子女的中文学习情况将在下一节中描述。

因变量：子女的中文学习水平

定量研究阶段的因变量是华裔家庭中子女的中文学习水平。子女中文水平的平均值为 29.7 / 50（SD = 8）（参见第三章中的表 3-12）。大多数华裔父母（n = 123）对他们子女的中文水平进行了评估。结果表明，子女中文水平存在较大差异。其中，大多数参与者（60%）认为其子女在阅读中文材料方面仍有困难。

根据调查结果，华裔家庭中的子女中文听力和口语（M = 17.4，SD = 4.5）要比中文阅读和写作（M = 12.4，SD = 4.8）好的多（见附录 H 中的表 H1）。大多数华裔父母（77.2%）会在家中讲中文（见第三章表 3-3）。近一半的华裔家庭子女会（46.3%）在家说中文。调查结果显示，华裔参与者认同其子女学习中文，而且他们也认为其子女还需要进一步提高中文水平。本研究检验了自变量和因变量，然后进行了分层多元回归，以检验自变量（四种资本形式）对因变量华裔父母子女中文水平的预测效果。结果将在下一节中描述。

分层回归分析

为了研究华裔父母的经济、文化、社会和象征资本在控制父母及其子女的人口统计学信息后，会如何预测其子女的中文水平，使用了分层回归方法进行分析。误差通常是分散的（见附录 K），变量和结果之间没有高度相关性（Cohen，1992）。然后，进行分层回归分析，这使研究人员能够查看每组新变量是否会对前一组变量产生的预测进行补充（Leech et al.，2015）。本研究从华裔父母的子女人口统计变量开始，包括子女的性别、年龄、出生地、年级、子女被带到美国的年龄、是否就读中文学校、正式的中文学习年限、子女在家使用的语言、与直系亲属交谈时使用的语言、大家庭成员、他们的朋友以及他们在学校使用的语言都输入在第一个模型中。

华裔父母的人口统计变量是进入模型的第二组变量，包括参与者的性别、年龄、受教育程度、年收入、在美国的生活年限、在家使用的语言、他们在子女中文学习上的花费以及他们带子女回国的频率都被添加到第二个模型中。华裔父母的社会、文化、经济和象征资本被添加到第三个模型中。强制输入用于所有变量。如表 4-1 所示，分层回归分析的总结表明，在第一个模型中，华裔家庭中子女的中文受正式教育年限对预测其中文水平贡献最大。在第二个模型中，华裔家庭中子女在中国上学的年限和对中国家乡探访对预测其中文水平贡献最大。

表 4-1 分层回归分析总结

（N = 123）

预测因素	模型 1		模型 2		模型 3	
	B	SEB	B	SEB	B	SEB
步骤 1						
儿童的人口统计变量						
性别	1.23	1.73	2.18	1.76	2.23	1.63
年龄	-0.55	1.15	-0.42	1.19	-0.35	1.11
出生地	2.10	2.60	2.67	2.82	-0.24	2.68
年级	0.58	1.23	0.02	1.26	0.04	1.17
到达美国的年龄	0.52	0.40	0.73	0.46	0.34	0.44
中国学校出勤率	2.14	1.88	2.49	2.17	1.89	1.99
正式的中文学习	0.80*	0.40	0.95*	0.43	0.55	0.41
在家的语言	-0.94	1.18	-0.87	1.34	0.14	1.24
直系亲属的语言	-1.54	1.39	-1.99	1.52	-2.39	1.38
大家庭的语言	-1.82	1.01	-2.12	1.29	-2.51*	1.20
给朋友的语言	3.20	1.70	3.19	1.75	-0.44	1.78
学校语言	3.22	2.36	3.30	2.39	5.77*	2.28

续表

预测因素	模型 1		模型 2		模型 3	
	B	SEB	B	SEB	B	SEB
第 2 步						
父母的人口统计变量						
性别			-2.52	2.37	-1.80	2.23
年龄			0.11	0.20	0.07	0.19
教育程度			0.51	0.77	1.08	0.73
年收入			0.59	0.61	-0.65	0.56
在美国的岁月			0.15	0.25	0.23	0.23
在家的语言			0.64	1.53	0.89	1.42
对中文发展的投资			0.66	0.91	0.32	0.84
回中国的次数			2.25*	0.98	1.51	0.94
第 3 步						
资本变量						
经济资本					0.06	0.29
文化资本					0.48*	0.19
社会资本					0.07	0.34
象征资本					0.66*	0.29

* $p < 0.05$

　　分层回归的目的是控制或消除华裔父母及其子女的人口统计学变量对预测结果的影响。模型总结如表 4-2 所示。它表明，经济、文化、社会和象征资本的结合显著预测了本研究中华裔家庭子女的中文水平（$p = .002$）。

表 4-2　模型摘要

模型	R	R^2	调整后的 R^2	ΔR^2	ΔF	$df1$	$df2$	ΔF 的 P
1	0.46	0.21	0.09	0.21	1.70	12	77	0.083
2	0.57	0.33	0.13	0.12	1.50	8	69	0.174
3	0.69	0.48	0.29	0.16	4.89	4	65	0.002*

* $p < 0.05$

输入华裔家庭中儿童的人口统计学变量后对其中文水平没有显着预测，F（12，77）$= 4.13$，$p = 0.08$，调整后的 $R^2 = 0.09$，也就是说，只有9%的儿童中文水平可以从他们的人口统计学变量中预测出来。加上父母的人口统计学变量，F（20，69）$= 1.67$，$p = 0.17$，调整后的 $R^2 = 0.13$，也就是说，在控制了华裔家庭中儿童的人口统计学变量后，13%的儿童中文水平可以从父母的人口统计学变量中预测出来。然而，该模型并没有显著预测华裔家庭中的儿童中文水平。

当输入经济、文化、社会和象征资本时，F（24，65）$= 2.52$，$p = 0.002$，调整后的 $R^2 = 0.29$，也就是说，在控制了华裔家庭中儿童和父母的人口统计学变量后，父母的四种资本形式可以显著预测华裔家庭中儿童的中文水平29%的差异。当 $R^2 \geq 0.26$，它可以解释为大于或大于典型值（Cohen，1988），因此 $R^2 = 0.29$ 可以被认为大于典型值。在第三个模型中，重要的预测因素是华裔家庭中儿童与其大家庭成员沟通时使用的语言、他们在学校使用的语言以及文化资本和象征资本（见表4-3）。定量结果的总结将在下一节中提供。

表4-3　儿童中文水平的重要预测变量

预测变量	B	SEB	β	t	p
在家中使用的语言	-2.51	1.20	-0.31	-2.09	0.040
在学校使用的语言	5.77	2.28	0.28	2.53	0.014
文化资本	0.48	0.19	0.31	2.55	0.013
象征资本	0.66	0.29	0.29	2.28	0.026

定量研究阶段总结

定量结果中提供了华裔父母及其子女人口统计数据的描述性统计数据。然后进行分层多元回归。数据分析结果显示，华裔父母投入子女中文发展中的四种资本可以显著预测其子女的中文水平。儿童与大家庭成员交谈时使用的语言、儿童在学校使用的语言、文化和象征资本对预测本研究中儿童中文水平做出了重大贡献。

Mu（2014）使用分层回归分析了澳大利亚成人中文学习者的中文水平。他发现经济资本不是显著的预测变量，而"文化资本、社会资本、象征资本、移民年龄和家庭语言使用模式"（p.481）显著地预测了成人学习者的中文熟练程度，74%的差异性可以由这些因素来解释。首先，在本研究中，经济资本不是华裔家庭中儿童中文水平的重要预测变量，这支持了 Mu 的发现（2014）。

其次，结果表明，社会资本也不是华裔家庭中儿童中文水平的重要预测变量，这与 Mu 的研究（2014）不同。在这项研究中，大多华裔父母都有中国朋友，他们意识到让子女学习中文的必要性。然而，这些华裔父母却更倾向于让他们的子女与不同种族的群体进行交流。结果表明，本研究的华裔参与者拥有社会资本，但他们没有为子女的中文学习投入足够的社会资本。

最后，在本研究中，文化和象征资本对预测华裔家庭儿童中文水平做出了重大贡献。当我们输入儿童的人口统计变量时，"他们的正式中文学习年限"是一个重要的预测指标。加上父母的人口统计变量，子女的正式中文学习年限和随父母回国的次数成为重要的预测因素。然而，当我们加上华裔父母的四种资本形式时，上述两个变量并不是显著的预测因素。相反，儿童与其大家庭成员交谈所用的语言和他们在学校说的语言成为重要的预测因素，这支持了 Mu 的研究（2014）。因为语言使用模式是 Mu 的研究的重要预测因素。然而，儿童的移民年龄在本研究中并不是一个重要的预测因素，这与 Mu 的研究（2014）不同。以下部分描述了采访结果。

第二个研究问题

定性阶段（访谈）是考察华裔父母将资本投资于子女的中文学习情况，以及他们在经济、文化、社会和象征资本方面的投入预期回报。在定性阶段（访谈）有 7 名参与者，其中 5 名女性和 2 名男性。采访被研究人员转录，通过演绎主题分析方法（Creswell, 2015）用于分析基于四种资本形式的访谈。从访谈中确定了以下五个主题：预期经济资本回报、预期文化资本回报、预期社会资本回报、预期象征资本回报和"语言环境很重要"。这五个主题将在以下部分中介绍。

预期的经济资本回报

所有参与者（n = 7）都希望他们的孩子学习中文。华裔母亲（n = 5）强调了中文不仅在中国而且在美国也会给他们的子女在未来带来工作机会。安娜表示，她的孩子将来可能会回中国找工作，尽管她的孩子是在美国出生的。安娜相信如果她的孩子们将来想回到中国，精通中文会让他们生活得更方便。安娜还认为，会中文可以帮助她的孩子在中国安身立命。安娜不断重复说，她鄙视去中国挣钱却不会说中文的 ABC（美国出生的华人）。她认为中文能力是孩子未来在中国成为工程师的基本要求。她认为"会中文应该是这些ABC 的本能。我认为它（中文）非常重要"，因为中文可以让 ABC 们了解中国语言并理解中国人，从而融入到中国社会中。

贝拉（女）也认识到中文对孩子的重要性，并认为"中文在工作中非常有用，比如做生意"。她在荷兰生活了四年多，在美国生活了十多年。她指出，两国都重视中国的经济发展。虽然贝拉生活在国外，但她仍然觉得中国的发展对自己的生活产生了深远的影响。她相信"你会说的语言越多，你的优势就越大。"贝拉表示，她的孩子将来甚至可能会找到一份与中文相关的工作。她说，"一些贸易公司会优先考虑会说中文的人。"如果她的孩子想找到一份涉及英语和中文的工作，他们会中文就可以得到更好的发展。

凯瑟琳也认为中英双语会令她的孩子受益。她说："英语和中文在世界上都非常重要。一种是世界语言并被广泛使用。另一种语言使用的人口最多。如果她（她的孩子）能学好两种语言，将来就会有更多的就业机会。"她还相信，中文可以增加她孩子的就业机会。"如果她的英语好，在中国会有很多机会，反之亦然。"

戴安娜嫁给了一个土生土长的美国人，她的丈夫不会说中文。戴安娜相信中文可以带来更多的工作机会。她相信双语对她的孩子总是有帮助和有益的。另一位被采访者艾米丽不会说英语，但她的女儿对于说中文表现得很抵抗。艾米丽也意识到多学习一门语言的重要性，她通过自己去美国一家银行的例子来说明自己的观点。在美国银行会说中文的收银员更能满足那些不会说英语的华裔的需求。艾米丽说，有些工作需要人会说中文和英语。虽然她期望中文将来会给孩子带来就业机会，但她并不认为中文学习与父母的经济资本有关。换句话说，她认为金钱不能提升孩子的中文水平，反而父母的言传身教能提升子女的中文水平。

中文发展与金钱无关

参与者（n = 7）调查问卷显示，华裔父母可以买得起中文书籍和学习材料。但是，他们却一致认为子女的中文水平与他们的经济资本无关（见表4-4）。其实他们的家里都有中文书籍，但是其子女却都没有读过中文书籍。

表4-4　中文水平与金钱无关

问卷	访谈
问题2：近50%的华裔家庭中儿童可以按自己的意愿去中文学校学习。	凯瑟琳（女）："上中文学校或一对一辅导并不昂贵。"
问题3：近50%的人可以负担得起私人教师教子女学习中文的费用。	安娜（女）："钱与子女的中文学习无关。我的孩子不上中文学校，但比上中文学校的要好"。
问题4：79.7%的参与者表示在为子女购买中文教材时没有经济压力。	凯瑟琳（女）："父母本应该在家中教子女学习中文或与子女交流时说中文。然而，很多父母却将这种责任转移给中文学校。"
人口统计变量：但参与者中的大多数（70.7%）每年在子女的中文学习上花费的费用不到 999 美元。	艾米丽（女）："中文学校对孩子学习中文很有效率。"

杰克声称他的儿子"不读中文书籍。他喜欢看英语书，看不懂中文。"安娜也说，她的孩子们没有读过中文书籍，虽然她每年从中国回来时都会把中文书籍和学习资料带回美国。安娜反复强调，经济资本与儿童中文水平其实并无直接关系。她说，有些家长不愿意花时间和精力跟孩子说中文。相反，

他们花了很多钱把孩子送到中文学校。但在这些语言学校就读的孩子在中文表达上并不比我的孩子好。虽然我们花的钱很少，但我的孩子们中文好多了。如果钱能提高效率，我愿意花钱，因为钱对我们家来说不是问题。所以，我认为在子女的中文学习上经济资本无关紧要。如果我们可以在家教孩子，为什么不节省一点呢？我根本没有花太多钱，因为我们在中文学习方面有优势（作为华裔美国人）。我的孩子是他 ABC 朋友里中文能力最好的。

凯瑟琳还解释说，华人社区学校对他们来说并不昂贵。中文学校每年只收取不到 1000 美元的费用，因为中文学校只在周日提供课程。艾米丽还表示，送孩子上中文学校与钱无关。由于这些学校效率低下，她没有将孩子送到华人社区学校。她的朋友告诉她，中文学校对于提升孩子的中文水平贡献不大。她宁愿在家给孩子们读中文书籍，帮助他们学习中文。

预期的文化资本回报

华裔参与者（n = 7）在其子女的中文学习中投入了内涵化、具现化和制度化的文化资本。例如，大多数参与者受过良好的教育，对学习中文的重要性持积极态度，并在家中拥有中国书籍和视频等文化产品。他们期望从投资于孩子中文学习的资本中获得文化资本回报。

第一，华裔父母希望孩子们通过学习中文了解更多关于中国历史文化的信息。安娜在家教孩子中文，阅读中文书籍，帮助他们了解中国语言和文化。当她的儿子表现出不愿学习中文时，她阐释了中文学习中获得的文化利益。安娜说，"中国是一个历史悠久、文化多元、知识渊博的国家。"她认为中文是她的孩子了解中国历史和文化的工具。不能只依赖翻译的信息，因为将信息从中文翻译成英语会"失去原来的意义"。

贝拉带着孩子回中国"看紫禁城、看中国话剧、吃传统小吃"，对孩子们很有吸引力。贝拉说："我的孩子们非常喜欢这次旅行。"她相信中文会帮助她的孩子学习在美国无法体验到的中国文化。贝拉和她的孩子在美国庆祝中国节日。她说，"我的孩子们在春节期间喜欢看舞狮表演"。他们也积极参与孩子所在学校的文化周，展示皮影等中国文化产品，"弘扬中华文化，为孩子学习中文树立榜样"。

第二，华裔父母期待他们的孩子通过学习中文可以获得学术上的优势。凯瑟琳强调她的孩子可以从中国的发展中获得制度化的文化回报。她指出，如果她的孩子现在开始学习中文，那么就可以在高中轻松通过中文作为第二语言的考试，因为她的孩子在上高中之前有足够的时间来学习中文。凯瑟琳说："如果她学中文，我们可以帮助她。如果她学习另一种语言，我们无能为力。"另外，女儿喜欢历史，可以"看清中国历史"。凯瑟琳认为美国人倾向于"活在自己的世界里，不太关心外面的世界"。她想让女儿明白"不同的国家有不同的历史"，所以中文的学习可以全方位帮助女儿。如果她的女儿以后上大学主修历史，"她就无法避开中国历史"。

此外，凯瑟琳相信中文会带来更多的教育机会，例如等女儿长大后去中国上大学。她的观点得到了两位父亲的认同。一位父亲约翰表示，如果中文水平达到要求，他的儿子就可以"上中国顶尖大学"。他相信中文的学习将使他的孩子能够接触到中国最好的学术资源，学会双语或多语对他的孩子大有裨益。

另一位父亲杰克说："美国孩子上中国最好的大学要容易得多。"他相信中文将来会对他的孩子有用。"如果他们在美国生活得不好，他们仍然可以返回中国，多一个选择总是更好。"参与者相信中文可以为他们的孩子带来更多的教育机会。

中文是一种优势

华裔参与者（n = 7）认为中文对他们的孩子来说是一个优势，因为父母可以充当中文导师和老师。安娜认为"中文很难，但我们（父母）有优势，因为我们会说中文。"她坦言："父母教孩子中文也很简单，因为我们可以在日常生活中和他们说中文。然而，这只会帮助他们的听力和口语。"她的丈夫和她从小就和他们的孩子说中文。她有信心"我不认为这（教她的孩子中文）具有挑战性和困难，因为你需要做的就是与他们交谈而已。"

贝拉分享了她的观点："中文是我们的优势，就像西班牙语是西班牙裔的优势一样。"她还认为，"我们是中国人，所以中文对我们来说是一个独特优势。其他国家的人都在学习中文，并意识到这门语言变得越来越重要。我们怎么能放弃？"华裔父母意识到自己的语言优势，并利用这种优势来教自己的孩子中文，帮助孩子从父母的文化资本中获得文化回报（见表4-5）。

表4-5 文化资本对儿童中文水平有显著影响

问卷	访谈
人口变量	华裔母亲
大多数华裔父母（80%）受过良好教育。	在家和孩子一起看书，
大多数父母（77%）在家说中文。	在家和孩子一起过中国的节日，
70%的人每年带孩子回中国一次。	监督孩子写中文作业，并把孩子带回中国。
关于父母文化资本的问题	
问题 5：他们中的大多数（85%）相信中文对其子女的发展有很大的重要性。	例如，贝拉（女）在美国的家中庆祝中国节日。安娜给她的孩子们读中文书籍，并在家里教他们写中文。
问题 6：近 50%的参与者愿意和子女一起过中国节日。	
问题 10：超过 40%的参与者带子女去过有中国文化特色的图书馆和博物馆。	
问题 11：超过 40%的参与者给子女读过有关中国的书籍。	

预期的社会回报

华裔参与者期望从他们投资于孩子中文学习的资本中获得社会回报。学好中文，可以让他们的孩子跟在中国的亲人交流，实现社交的目的。安娜认为"我家里的每个人都非常支持我是孩子学习中文"，因为他们都达成了"中文是他们最重要的技能"的共识。她的姐妹帮她在中国买书和学习资料，她会自己把这些书带回美国。她认为英语和中文对这些 ABC 来说同等重要，所以他们应该学好两种语言。学英语和中文并不矛盾。如果她的孩子能学好中文，他们就可以和中国人交流。否则，他们就会在中国因为无法和中国人交流而变成"哑巴"。此外，安娜的父母年纪太大，不与他们在美国生活，所以她和她的孩子每年都要回中国看望父母。每年回到中国，安娜都会让自己的儿子花一个月的时间在中国学校学习中文。

贝拉的父母和她的家人都在美国。她的父母从贝拉的孩子出生起就照顾他们，陪伴孩子。"我也希望我的孩子在父母老的时候仍能在一起。"贝拉的父母不懂英语，所以他们的孩子需要用中文与他们交谈。她的儿子会说一口流利的中文，但她的女儿有时用中文表达很困难。凯瑟琳认为，她的孩子有必要学习中文与家人交流。此外，她希望自己的孩子长大后能回到中国，能用中文表达自己，去中国旅游。

戴安娜嫁给了一个土生土长的美国人，她是家里唯一的中国人。她让她的孩子们学习中文，以便他们能够和她交谈。她说，"如果他们不跟我说中文，家里没人会用中文跟我说话。"尽管她已经精通英语，但她更喜欢用中文而不是英语与他们交谈。戴安娜回忆说："当我第一次来到美国时，我是一个人。我不认识任何人，也不会开车。如果我的孩子不跟我说中文，没人会跟我说中文。"此外，她是她父母的独生女，她希望她的两个孩子能用中文和他们的祖父母交谈。她认为，如果她的孩子跟祖父母不能互相理解，不能互相交流，她的父母会非常伤心。

艾米丽也对她的孩子说中文，因为她不会说英语。女儿 8 岁时被带到美国，父母担心她的英语水平，所以当时停止了中文学习。艾米丽对此深表遗憾。此外，艾米丽的朋友对她的决定也有影响。她说："我的朋友们都要求他们的孩子学中文，我也希望我的孩子能学好中文。"杰克认为，他把儿子送到中文学校是因为中文学校提供了一个与他人交流的场所。他坦言，"身边很多人都在学中文，我们就让他学了。"很明显，个人社交网络对个人中文的使用和传播态度有影响。参与者让孩子学习中文的决定受到了他们周围朋友的影响。参与者相信中文将促进他们的孩子和家庭成员之间的沟通。

祖父母和父母的朋友

华裔父母是朋友和大家庭成员被视为个人的社交网络，例如他们在社区中的熟人以及他们在社交网络中参与的社交活动（Bourdieu，1986）。尽管参与者及其家人和朋友都支持其子女学习中文，但华裔家庭中的儿童却拒绝用中文与家人交谈。

贝拉说，虽然她的父母和他们一起住在美国，但她的孩子们用中文和英语与他们的祖父母交谈。有时，她的女儿很生气，因为她需要先向母亲学习中文，然后再向祖父母重复。有时，她的女儿"不敢和奶奶说话，因为她不知道如何用中文表达她的某些想法。"贝拉说，她的孩子们经常和她的朋友们聚在一起，但如果她的女儿不认识某个人，她就不会"和他们交谈，只是用中文打招呼而已"。

杰克和另一位男性参与者约翰都指出，当他们的孩子与在中国的祖父母视频时，孩子们对与祖父母交谈没有兴趣，"只是打了声招呼就跑了"。杰克说，"他周围的人（他的孩子）并不反对他学中文，但很多人只是顺势而为（学中文是美国华裔孩子的潮流）。"这些华裔父母的朋友确实影响了他们送孩子去中文学校或学习中文的决定。但是，华裔父母的社交网络并不能对其子女的中文水平产生显著的影响（见表4-6）。

表4-6 社会资本不能显著影响儿童中文的发展

问卷	访谈
问题13：90%的华裔父母的朋友都是华裔。	父母在家中和公共场所与朋友说中文，但他们的孩子拒绝与父母的朋友说中文。
问题17：90%的人强调让孩子学习中文的必要性。	华裔家庭儿童只用非常简单的中文问候他们的大家庭成员，拒绝进一步交流。
问题16：1/3的人倾向于让他们的孩子与华人团体完全融合，而超过1/3的人没有这个意图。	他们的孩子有兄弟姐妹和ABC朋友，但他们只用英语而不是中文交谈（71%使用英语与朋友交流。）。

儿童的兄弟姐妹和朋友

被采访的华裔家庭的孩子有兄弟姐妹和ABC朋友。安娜证实，她儿子的大多数朋友都是ABC，但他们"和朋友说英语"。她推测，孩子们互相不说中文有以下几个原因。首先，这些ABC在中国的发展是不同的。比如，她儿子的中文说得很好，是朋友中最好的，但其他的 ABC 则"不愿说中文或不会说中文"。她发现她的儿子"与其他成年人交谈没有问题"，但他儿子的一个朋友却很难与之交谈。此外，有些孩子会说中文方言而不是中文普通话，"有些孩子甚至根本不会说中文"。因此，英语成为这些孩子的共同语言，因为"这些孩子用中文交流很尴尬"。

凯瑟琳说，她的女儿在家里主要使用英语（95%），尽管她在 6 岁时来到美国。她的女儿在家里拒绝说中文，"如果你让她说中文，她一点也不喜欢回应。"她的女儿会保持沉默。她的孩子的祖父母和他们住在一起，但她的女儿一直跟他们说英语，因为"她和祖父母没有什么特别的交流，所以她不会说中文。"凯瑟琳的女儿也用英语和她的弟弟说话。凯瑟琳认为这是由于以下原因。首先，她的女儿认为英语更容易，因为她在学校没有机会说中文。其次，她的女儿在校外和她的朋友说英语。最后，她的女儿和她的弟弟说英语。

戴安娜用她遇到的一个例子来支持凯瑟琳的观点。戴安娜遇到了一位"说一口流利的普通话"的 ABC，"他听起来像一个土生土长的中国人，而不是一个在美国长大的孩子"。因为他是家里唯一的孩子，所以"大人说什么他就说什么"。她解释说，"如果有多个孩子，他们会用英语交流。"她认为兄弟姐妹实际上更多的是用英语而不是中文交流，这其实会阻碍孩子的中文学习。

艾米丽表示，两个女儿在家里主要说中文，因为二女儿还没上学，在家跟妈妈说中文。小女儿在姐姐的影响下已经学会了很多英语。然而，当她的大女儿外出时，"她会和其他 ABC 说英语。"艾米丽表示，"虽然这些孩子能听懂会说中文，但他们在一起不会说中文。"艾米丽认为这是因为孩子们在学校习惯说英语。

杰克的儿子 100%用英语与朋友交谈或打电话，"他不和不会说英语的人一起玩"。他们孩子的兄弟姐妹和朋友交谈时也是用英语而不是中文。在本研究中，与兄弟姐妹和朋友的交流对华裔父母子女的中文学习没有贡献。以下部分提供了华裔父母的预期象征资本回报。

预期的象征资本回报

象征资本包括可以通过他人的认可而积累的资源，例如荣誉、名声和声誉（Mu，2015）。例如，中文被认为是在国际就业市场上具有价值的象征资本（Mu，2015）。中文学习者可以从中文学习中获得荣誉、自豪和奖励，这得到了本研究参与者（n = 7）的支持。

安娜认识到，她的孩子有更多的机会在学校表达他们对中国的看法，并与想在美国学习中文的美国人交流中文。贝拉说，她的孩子们被老师要求帮助英语不好的刚到美国的同学。他们指导新同学并教他们如何在学校表现。她的孩子因为中文表达能力好而受到英语老师的称赞。贝拉的儿子自愿教社区的孩子们中文，这让他感到很自豪。她儿子的中文水平也得到了他身边在美国的华裔的认可。贝拉表示，华裔成年人认为 ABC（美国出生的华人）应该会说中文。

凯瑟琳声称他们所在的城市举办过中文比赛。通常是中文学校要求学生参加中文比赛。贝拉介绍，在加州举办的中文比赛为获奖者提供了免费访问中国的机会。她希望女儿参加这些公开演讲比赛，以赢得荣誉和奖项。象征资本可以显著预测儿童的中文水平（见表4-7）。

表 4-7　象征资本对儿童中文水平有显著影响

问卷	访谈
问题 20：近一半的参与者承认他们子女的中文水平受到周围人的好评。	安娜（女）：她孩子的中文水平得到了美国学校的认可。
问题 22：超过一半的人认为他们子女的中文能力受到了重视。	贝拉（女）：她孩子因为中文水平好而受到表扬。他们还在中文比赛中获得了奖励。

语言环境很重要

当被问及促进孩子中文学习的因素时，本研究中的华裔参与者（n = 7）提到了与孩子一起回中国探亲。据华裔参与者反映，他们带孩子回国，是为了让孩子从小接触中文，在中国社会进行社交，促进了孩子的中文学习。受访者一致认为，语言环境对孩子的中文学习至关重要。他们表示，他们的孩子在中国时，在中文学习方面取得了很大进步（见表4-8）。

表4-8　语言环境很重要

访谈	例子
定性阶段的所有参与者都表示，语言环境对他们孩子的中文发展至关重要。他们认为自己的孩子在美国缺乏学习中文的语言环境。	例如，他们认为，回国探亲有助于他们的孩子沉浸在中文环境中，有助于促进孩子的中文发展，特别是中文听力和口语。
他们都同意美国学校在他们孩子的语言使用中发挥了至关重要的作用。	例如，贝拉（女）解释说，"他们（她的孩子）在学校学习英语，所以他们回家后不愿意改用中文"。

中文语言环境

安娜每年将儿子送回中国，在中国的公立学校就读一个月。她说："这对于中文学习特别有效。"据安娜说，在中国的前两周对她的儿子很有挑战性，但到了第三周或第四周，她儿子已经可以赶上学习进度并变得非常快乐。贝拉认为，中国以外的孩子没有机会学习经典的中文和成语，"主要原因是语言环境"。贝拉介绍了她学习荷兰语的例子。在荷兰的时候，她上过一两个月的荷兰语班，学了荷兰语。她总结说："语言学习主要取决于语言环境。"她重申"语言环境非常重要"。当她的孩子们在中国被中国人包围的时候，他们可以轻松提高中文水平，因为他们必须会说中文。然而，当她的孩子们回到美国大约两周后就又开始改用英语了。

凯瑟琳说她的女儿在美国拒绝说中文，但在中国时却说中文。她的女儿承认，在中国两个月后，说英语已经不像在美国时那样流利。凯瑟琳强调"语言环境非常重要"。她记得女儿回中国的第三周就有明显的改善，"进步是显而易见的"。她解释说，"在中国，她身边的人都说中文，没有人会说英语，所以她和其他孩子玩时只能说中文。当她继续说这种语言时，她的中文会变得更好。"

戴安娜还认为，环境在她孩子的中文学习中发挥了重要作用。她解释说，"在中国有更多说中文的机会。"她的孩子来中国两个月后，就能"说一口流利的中文"。男性参与者约翰也声称"在美国没有中文环境，我儿子会逐渐对语言不熟悉"。杰克说，他的妻子给儿子讲了中国故事，还带儿子回中国学习中文，很有帮助。

英语学校有影响力

当被问及为什么他们的孩子会使用英语与他们的朋友和兄弟姐妹交谈时，参与者（n＝7）指出，美国学校在孩子的语言选择中发挥着至关重要的作用。贝拉解释说："我的孩子会说中文和英语，因为他们在学校学习使用英语。所以，当他们回家时不愿意改用中文。"此外，参与者还指出，孩子和父母通常每天都会交谈，而不是讨论学术话题。孩子上高年级时在学校学到了更高级的表达方式和知识，所以孩子不知道对应的中文表达方式。因此，孩子们使用英语表达的机会就越来越多。

贝拉的观点得到了戴安娜的赞同。戴安娜说，在假期里，她的孩子们在家里说中文。当她的儿子回到学校后，就开始在家里和姐姐说英语。"渐渐地，他们开始用英语交流。"她会提醒他们应该说中文，然后他们会转回中文。然而，"当我女儿开始上学时，他们不能再改用中文了。"她的孩子们就会一直用英语交流，因为"他们都上英语学校，在学校习惯用英语交流，所以他们会说英语。"

艾米丽的女儿虽然 8 岁时被带到美国，但在家里不愿意说中文。艾米丽也认识到英语学校对女儿的影响。"她不愿意与家人和亲戚说中文，也不愿意与说中文的人交流。这可能是因为他们在美国上学。"她将女儿对英语的偏好主要归因于她的英语教育。她认为孩子们在学校习惯了说英语，所以他们放学后继续说英语。

杰克说，他儿子跟朋友说英语是因为他们的"心态"。他解释说："他们彼此认识，也明白他们的英语比中文好。他的大部分朋友都是同一所学校的。学校对他们的语言使用有很大的影响。"总之，这些家长一致认为，英语学校在孩子的语言选择中发挥了重要作用。这些孩子之所以选择说英语，是因为他们可以用英语交流，不愿意切换到陌生的语言——中文。

定性研究阶段结果

本章介绍了本研究中访谈的五个发现。访谈显示，参与者的预期资本回报是投资于子女的中文学习情况。参与者要求他们的子女学习中文以获得预期的经济、文化、社会和象征性回报。

第一，华裔参与者期望中文会给他们的孩子带来工作机会。中文将使他们的孩子在中国获利。参与者认为经济资本与儿童中文的学习无关。一些家长花了很多钱送孩子上中文学校，但这并没有带来预期中有效的中文学习。

第二，华裔参与者将中文视为子女了解中国历史和文化的工具。他们也希望自己的子女学习中文，从而在求学阶段获得学业优势。此外，如果他们的子女学好中文，可以获得更多的学业资源。参与者认为中文对他们的子女来说是一个优势，因为父母可以在其中文学习中充当老师。

第三，华裔参与者认为，中文可以帮助他们的子女与在中国的亲人交流，因为他们中的很多人不懂英语。尽管他们的家人和朋友支持子女的中文学习，但一些孩子拒绝用中文与父母交谈。参与者的子女有兄弟姐妹和 ABC 朋友的，他们更多的是用英语而非中文进行交流。

第四，华裔参与者希望他们的子女在中文学习中获得认可、荣誉、自豪和奖励。子女的中文学习在美国学校得到了认可，比如在美国有更多的机会表达他们对中国的看法。他们因为中文表达能力好而受到周围华裔的称赞。他们还可以在中文比赛中获得奖励。

第五，语言环境很重要。参与者一致认为，孩子们留在中国后，中文水平会有所提高。然而，他们也一致认为，英语学校对子女的语言使用有影响，学校在子女的语言选择中起着决定性的作用。正规机构包括学校，"是社会资本的重要建设者（或破坏者）"（Warner, 1999, p. 384）。在某种程度上，英语学校是华裔父母可以投资于子女中文学习的社会资本的破坏者。参与者调查表示，子女之所以选择说英语，是因为他们在学校时用英语交流，并且不愿意改用陌生而困难的语言——中文进行交流。以下部分将提供讨论，其中访谈结果将用于解释调查结果。

讨论

调查结果显示，华裔父母的经济资本和社会资本对预测其子女的中文学习没有显著贡献。华裔父母的文化和象征资本是其子女中文学习的重要预测因素。华裔家庭中的儿童与大家庭成员的语言使用和他们在学校的语言使用也是重要的预测因素。访谈结果用于解释调查问卷的结果。

儿童早期的语言体验对于他们的传统语言发展至关重要，这也是他们获得和保持传统语言的优势（Park et al.，2012）。本研究华裔参与者将他们的经济、文化、社会和象征资本投入到孩子的中文学习中，以促进孩子的中文水平。然而，"拥有文化或社会资源并不会自动激活社会和文化资本，或利用该资本获取利益的能力。想要激活资本，就必须选择投资"（Monkman et al.，2005，p.13）。父母有资本，但他们需要激活和投资他们的资本来改善子女的中文学习。本研究中的华裔父母将他们的资本投入到子女的中文学习中，但他们的子女也需要激活赋予自己的资本。

经济资本和预期回报

定量结果表明，华裔父母的经济资本不是其子女中文学习的显著预测因素，这支持了 Mu（2014）关于澳大利亚中文成人学习者的研究。经济资本不是澳大利亚成人学习者中文熟练程度的重要预测指标（Mu，2014 年）。在这项研究中，根据调查问卷中的父母人口统计数据，大多数华裔父母（57.0%）的年收入都不错。根据父母资本调查部分的第四个问题，大多数参与者（79.7%）认为他们为子女购买中文学习材料时，没有经济压力。然而，他们中的大多数（70.7%）在孩子的中文学习上花费不到 1000 美元。此外，近半数的受访者认为，他们可以负担孩子在中文学校学习中文的费用。但是，一半以上的华裔家庭中的儿童并没有上中文学校。

一位受访者凯瑟琳解释说，无论是上中文学校还是接受一对一的辅导，成本都不高。女儿上一年的中文课，不过 1000 美元。另一位受访者安娜坚信金钱与子女的中文水平无关。她的孩子没有上过中文学校，但他的中文水平比上过中文学校的孩子要好得多，因为一些儿童的父母把学习中文的责任转移到了中文学校。她认为父母应该交孩子说中文，在家中交流时也应该使用中文。她的孩子虽然没有在美国接受过正规的中文教育，但他们的识字水平超过了身边的其他华裔孩子。换言之，中国父母应该认识到，如果父母没有将时间和精力投入到孩子的中文学习中，仅依靠正规中文教育并不是提高孩子中文水平的有效方式。参与者未按照收入比例将经济资本用于子女的中文学习，这解释了为什么本研究华裔参与者的经济资本无法显著预测其子女的中文水平。

尽管投资于子女中文学习的经济资本有限，但华裔父母仍希望子女的中文学习能够带来可观的经济回报。他们期望在未来可以通过会中文为子女带来更多的就业机会，无论是在美国还是在中国，并帮助他们的子女在中国获得经济利益。本研究的结果支持以下研究的结论。例如，华裔父母希望中文学习能够让他们的子女获得在中国的就业机会（Bell，2013；Kang，2012；Kwon，2017；Law，2015；Park & Sarkar，2007）。当父母投资于子女的传统语言学习时，父母期望他们的子女可以利用好中国市场和商业资源（Hua & Wei，2016）。

Wu et al.（2014）使用来自民族志研究的数据，发现中文学习者可以从"与中国相关的市场性"和"他们的社交网络"中获益（p. 29）。韩国父母还认为，传统语言能力会给他们的子女带来更好的经济机会（Park & Sarkar, 2007）。中文成人学习者将资金投入到他们的传统语言学习中，他们期望获得物质资源、有利的工作机会、在全球市场上的优势（Mu，2014）。华裔父母也期望子女的中文能力能够带来社会回报，这将在下一节中讨论。

社会资本和预期回报

在本研究中，华裔父母的社会资本并不是其子女中文能力的重要预测因素，这一发现与 Mu 的结果（2014 年）不同。Mu（2014）发现，社会资本是澳大利亚成人学习者中文熟练程度的重要预测因素。Stanton-Salazar（1997）指出，"大家庭、学校、社区组织和同伴群体"（p.6）是儿童可以接触到的社会传统语言社交网络。华裔父母可以将他们的孩子融入到自己的社交网络中，以帮助他们的子女学习中文并融入中国文化（Hua & Wei，2016）。关于华裔参与者的社交网络以及他们如何在网络中与子女进行社交的结果表明，华裔父母的社交网络和社会资本对其子女的中文学习几乎没有影响，这解释了为什么华裔参与者的社会资本没有显著预测他们子女的中文学习情况。

首先，华裔父母对孩子的中文发展信念和他们社交活动方面是矛盾的。根据父母资本调查部分的第 13 个问题，大多数（88.6%）华裔父母的朋友都是华裔，大部分参与者（89.4%）强调让孩子学习中文的必要性。然而，只有不到 1/3 的人倾向于让他们的子女完全与华人群体交往，而超过 1/3 的人没有这个意图。超过一半的华裔父母同意他们的孩子有华裔朋友。这表明华裔参与者倾向于让他们的子女与其他种族交往，以融入美国的主流社会。

其次，以往的研究表明，在家中的语言实践可以帮助儿童的传统语言发展，这可以通过家庭以外的语言社交经验得到加强（Song，2012）。父母的社交网络可以影响父母的社会资本（Eloire，2015）。Velázquez（2013）发现，无论社会地位如何，墨西哥裔美国人的社交网络都对传统语言的传播产生了积极影响，而母亲的社交网络则为他们的子女提供支持和使用西班牙语的社会背景。成人在社交网络中的互动模式会影响儿童对家庭语言进行社会化的机会以及儿童通过传统语言进行社交的机会。然而，在本研究中，华裔父母的社交网络没有显著影响其子女的中文水平。例如，尽管华裔父母在家里和公共场所与他们的朋友说中文，但他们的子女拒绝用中文与祖父母和父母的朋友交谈。

他们的家人和朋友支持其子女的中文学习。例如，定性阶段的 7 名参与者都同意他们的家人、朋友和亲戚支持他们子女的中文学习。然而，他们中的一部分拒绝用中文与父母的朋友交谈。例如，凯瑟琳说她的女儿在家里拒绝说中文，甚至对她的父母也是如此。她的女儿认为英语更容易，因为她在学校没有机会说中文，所以，她的女儿在校外也和她的朋友说英语。

再次，华裔父母让子女学习中文的决定受到了身边朋友的影响。艾米丽表示，她的朋友们要求他们的子女学习中文，所以她也希望自己的子女能学好中文。华裔父母还把子女送到华人社区学校学习语言，并与其他同族的孩子交往。父母的个人社交网络对语言使用和传播的态度有影响（Velázquez，2013）。然而，在本研究中，参与者的子女更多的是使用英语而不是中文与他们的朋友和父母的朋友交谈。调查结果显示，大部分儿童（70.9%）使用英语与朋友交流。

华裔父母调查显示，大多数子女不会用中文与同龄人交谈。他们宁愿使用英语。这一发现与 Chen 等人的研究结果一致（Chen et. al.，2018）。Chen et. al.（2018）发现与华裔同龄人的关联与儿童的中文学习没有显著相关性。参与者表示，他们的子女有兄弟姐妹和 ABC 朋友，但他们只用英语而非中文交谈，尽管本研究的受访者在家对子女说中文。

子女可以协商和激活父母转移给他们的文化和社会资本，他们也可以终止他们被赋予的资源（Law，2015）。华裔父母相信，中文可以让他们的子女与中国人交流。本研究结果支持相关研究。从长远来看，华裔父母计划提升子女的中文水平，是为了让他们与祖国联系并与本国的家人交流（Kang，2012；Kwon，2017；Law，2015；Park & Sarkar，2007）。

文化资本和预期回报

本研究中华裔父母的文化资本是儿童中文学习的重要预测因素，其原因可解释如下。首先，本研究的华裔参与者拥有可观的文化资本。大多数父母在家说中文（77.2%），69.1%的父母每年带孩子回中国一次。

其次，受访的华裔参与者反映，他们在家给子女看中文书籍，在家里让子女熟悉中国的节日和文化，并把子女带回中国探亲。他们还带着自己的子女一起去有中国文化特色的场所。这些因素显著地预测了子女的中文学习情况。

华裔父母会在家准备中文书籍。采访中的 4 名女性参与者提到她们家里都有中文书籍。Xiao（2008）发现，家中缺乏可以被视为客观文化资本的中文书籍和阅读材料阻碍了其子女的中文学习。这表明家中的文化资本可能有利于儿童的中文学习。然而，受访者调查显示，他们的子女都没有读过中文书籍。华裔父母需要给子女读中文书籍，或者和子女一起读中文书籍。否则，其子女不会主动阅读中文书籍。

参与者（n = 7）期望他们的子女的中文学习能够带来文化回报。他们希望自己的子女在高中之前就可以熟练掌握中文，这样他们就可以获得学业优势。此外，参与者认为，如果他们的子女学好中文，就可以获得更多教育资源。这与 Kwon 的研究（2017 年）结果一致，该研究表明传统语言可以为移民父母的子女带来更多的教育机会。

象征资本和预期回报

华裔父母的象征资本也是其子女中文学习的重要预测因素。近 50%的参与者（n = 123）认为，他们子女的中文水平受到周围人的好评。超过一半的人认为他们的子女对中国传统非常重视，并获得了象征资本。

双语有助于建立积极的自我形象（Law，2015）。从中文学习中获得认可、荣誉、自豪和奖励也有利于中文学习者（Mu，2015 年）。如果参与者子女的中文能力能够得到中国成年人或中文学校的认可，则表明其子女的中文水平达到了令人满意的程度，这就解释了为什么象征资本是儿童中文水平的重要预测因素。此外，参与者希望他们的子女从中文学习中获得认可、荣誉、自豪和奖励。为实现参与者投资于子女中文学习的资本预期回报，华裔父母还需要为子女创造中文语言环境。

中文语言环境

受访者认为语言环境对儿童中文学习很重要。家长们一致认为，其子女留在中国后，中文能力会有很大进步。有研究表明，送子女回国有利于其传统语言发展（Chen，et. al.，2018；Liang，2018；Park，2013；Zhang，2009）。但是，华裔父母不能经常带着他们的子女回国。他们中的大多数人（70%）表示每年会带着其子女回中国一次。此外，几位参与者称，他们的子女在回到美国后又改回了使用英语。

华裔父母的家人和亲戚是他们的社交网络，但他们不住在美国，所以他们的子女不容易接触到中文环境（Koustourakis et al.，2018）。此外，超过一半（52%）的受访者的子女没有上中文学校。调查结果显示，89.7%的儿童在学校讲英语。因此，华裔父母是其子女学习传统语言的主要资源（Brown，2011）。华裔父母应该有责任在家里为子女创造一个语言环境，以促进他们的中文学习。

接受采访的华裔参与者认为，中国的发展对他们的子女来说是一个优势，因为父母可以充当导师和老师。采访的参与者，尤其是母亲，跟子女讲中文，给子女读中文书籍，给子女讲解中国文化，指导子女做中文作业。将中文学习融入日常生活的参与者有效地促进了子女的中文学习情况。

章节总结

本章解释定量（调查）结果和定性（访谈）结果。在定量阶段，本章提供了调查结果。本章涵盖自变量、华裔父母的人口统计学变量、子女的人口统计学变量，其次是华裔父母的经济、社会、文化和象征资本。本章首先解释因变量，儿童的中文学习情况，然后是访谈结果，定性阶段的总结，讨论和章节总结。结论将在第五章中介绍。

第五章　结论

介绍

　　这项混合方法研究旨在考察中国移民父母的经济、文化、社会和象征资本，以及他们学龄儿童的中文水平情况，以帮助中国移民父母调整其投资于子女的资本，以促进他们子女的中文发展。在定量阶段，本研究通过一项调查来调查中国移民父母对子女中文发展的预测能力。在后续的定性阶段，我们进行了访谈，以考察中国移民父母在经济、文化、社会和象征资本方面投资于子女中文发展的资本的预期回报。本章包括本研究的总结、研究的意义、局限性以及对未来研究的建议以及结论。

调查结果

　　调查结果表明，在控制了子女和父母的人口统计变量后，经济资本、文化资本、社会资本和象征资本四种资本形式的组合显著预测了他们子女的中文水平。文化和象征资本对中国移民父母子女中文水平的预测显著，而经济和社会资本对儿童中文水平的预测不显著。

　　定性结果表明，中国移民父母期望从他们对子女中文发展的投资中获得切实的经济、文化、社会和象征性回报。中国移民父母希望他们的子女能够在中国获得未来的工作机会和物质资源。其次，中国移民父母希望他们的子女了解中国的历史和文化。他们还期望中国的发展能够在学业上使他们的子女受益。第三，中国移民父母认为，中文不仅能让子女与家人交流，还能与中国人交往。中文还为他们的子女带来了象征性的资本，比如周围人的奖励和认可。

研究的局限性

这项混合方法研究存在局限性。首先，限制源于数据收集。本研究收集的数据主要来自美国得克萨斯州，因此结果对其他州或地区的推广受到限制。由于研究样本有限（n=800），因此对其他中国移民父母的普遍适用性可能会受到限制。其次，在定量阶段，本研究采用便利抽样和滚雪球抽样代替随机抽样，限制了研究结果的普遍性。第三，本研究要求中国移民父母评估他们子女的中文水平，而不是使用标准化测试。因此，数据是基于父母的看法。对他们子女的中文发展水平的评估有可能是主观的和不准确的。

研究意义

本研究的中国移民参与者将他们的经济、文化、社会和象征资本投入到子女的中文学习中，以促进子女的中文发展。经济和社会资本对预测他们子女的中文水平没有显著贡献。文化和象征资本是他们子女中文水平的重要预测因素。本研究对 Mu 的研究（2014；2015）中使用的调查问卷进行了改编，并对结果进行了比较。在 Mu 的研究（2014）中，经济资本不是重要的预测因素，而文化、社会和象征资本是澳大利亚成人学习者中文熟练程度的重要预测因素。

首先，本研究中的大多数中国移民参与者都拥有相当多的文化和象征资本，并将他们的文化和象征资本投入到子女的中文发展中。其次，本研究中的中国移民参与者并未按照收入比例将经济资本用于子女的中文发展。他们中的大多数人收入可观，但在子女的中文发展上的花费要少得多。第三，以往的研究表明，在家中的语言社会化实践有助于儿童的传统语言发展，这可以通过家庭以外的语言社会化实践得到加强（Song，2012）。Velázquez（2013）发现，无论社会地位如何，墨西哥裔美国人的社交网络都对传统语言的传播产生了积极影响。然而，中国移民父母的社交网络和社会资本对其子女的中文水平影响不大。

根据 Monkman 等人（2005）的说法，"拥有文化或社会资源不会自动导致社会和文化资本的激活，或拥有使用该资本获取利益的能力。要利用资本必须激活资本，必须选择投资这些资本"（p.13）。其子女可以选择激活和利用父母转移给他们的文化和社会资本，他们也可以终止父母赋予他们的资源（Law，2015）。这项研究的参与者报告说，他们的子女并没有用中文与同龄人交谈。他们宁愿使用英语。这一发现与 Chen 等人（2018）的研究结果一致。他们还发现，与华裔同龄人的交往与儿童的中文水平没有显著相关性。

Zhang（2010）认为，中国移民儿童更喜欢学习英语，因为英语可以促进他们向上层社会流动和融入主流社会。虽然他们的父母在家里讲普通话，但这些移民的子女的中文学习已经被降到最低水平，甚至遭到中国移民的子女的抵制。

本研究中的中国移民参与者强调了中文环境对其子女中文发展的重要性。年轻的传统语言学习者的父母需要为他们提供传统语言学习环境（Melo-Pfeifer，2015；Park & Sarkar，2007）。在家中使用传统语言对儿童的中文发展有效（Anicama et al.，2018；Budiyana，2017；Chen et. al.，2018；Kang，2012；Liang，2018；Park et.al.，2012；Park，2013）。Mu 和 Dooley（2015）发现，父母的支持和语言环境对澳大利亚成人学习者学好中文起决定性作用。（Anderson, et.al. 2017）发现，家庭可以促进儿童的识字能力发展，并支持他们子女的母语和文化的维持。在这项研究中，将中文学习融入日常生活的参与者有效地促进了子女的中文发展。中国移民父母有必要承担起在家中为子女创造中文环境的责任。

研究建议

本研究考察了中国移民父母在其子女的中文发展中投入的经济、文化、社会和象征资本。本研究结果表明，中国移民父母的文化资本显著预测其子女的中文的发展。中国移民父母可以去图书馆和中国文化博物馆，与子女一起了解中国时事，给子女阅读有关中国的中文书籍，进行中国文化活动。需要进一步的民族志研究来检验中国移民父母如何利用他们的文化资本来促进他们子女的中文发展。

中国移民父母在家中和华人社区与子女进行社交活动，以改善子女们的中文。然而，在本研究中，中国移民父母的社会资本对预测儿童中文的发展没有显著贡献。未来的研究需要对移民家庭中的第二代中国儿童进行调查，以探索这些儿童如何利用父母的资本来促进他们的中文发展。在美国，关于移民父母对其子女传统语言发展的投资和资本的实证研究很少。需要更多的实证研究来检验不同形式的资本在移民家庭中成人和儿童的遗产语言发展中所起的作用。

中文学习对在美国的中国儿童很重要，这不仅有利于他们的学业成就，也有利于他们的社会发展以及儿童与父母和家庭之间的家庭关系。中国移民父母的参与和资源投资有助于其子女的中文学习。然而，它需要从业者、管理人员和政策制定者的努力和参与，教育工作者和教师能够更好地了解移民父母，特别是中国移民父母，使家长与学校之间进行有效的合作。第二，从业者也应该认识到传统语言对其学业成就的影响，从而为中国移民的父母和子女提供支持。例如，课堂上的教师可以将汉语和文化纳入教材和教学实践中，以帮助子女。

管理人员还应该承认中国传统语言学习不仅在国内，而且在学校系统中的优势，因此他们愿意对主流教师进行充分的培训，以满足传统语言学习者的需求。管理者还可以向学校的 CHL 学习者提供学习材料，在学校系统中创造适应的环境。

决策者应认识到传统语言学习和双语教学的好处，以便制定政策和法规，促进学校系统中的双语教育，确保双语教师的培养。此外，决策者可以与行政人员和从业人员合作，调整政策和法规，以适应教师和双语学习者的需要。第三，决策者不应忽视移民父母的关切，以保持他们的传统语言，以促进社会的文化和语言的多样性。

结论

这项定量阶段的混合方法研究发现，中国移民父母的四种资本形式的组合显著预测了他们子女的中文水平。文化和象征资本是重要的预测因素。换言之，父母投资于子女中文发展的文化资本对预测子女的中文水平有显著贡献。后续定性研究表明，中国移民父母期望从他们对子女中文发展的投资中获得切实的经济、文化、社会和象征性回报。中国移民父母可以在家中为子女创造中文环境。中国移民父母是子女中文发展的主要语言环境和资本提供者。

参考文献

Anderson, J., Anderson, A., & Sadiq, A.（2017）. Family literacy programmes and young children's language and literacy development: Paying attention to families' home language. Early Child Development and Care, 187（3-4）, 644-654. doi:10.1080/03004430.2016.1211119.

Anicama, C., Zhou, Q., & Ly, J.（2018）. Parent involvement in school and Chinese American Children's academic skills.The Journal of Educational Research, 111（5）, 574-583. doi: 10.1080/00220671.2017.1323718.

Baird, A. S.（2015）. Beyond the greatest hits: A counterstory of English learner parent involvement.School Community Journal, 25（2）, 153-175. Retrieved from http://www.schoolcommunitynetwork.org/SCJ.aspx.

Behtoui, A., & Neergaard, A.（2016）.Social capital and the educational achievement of young people in Sweden. British Journal of Sociology of Education, 37（7）, 947-969. doi: 10.1080/01425692.2015.1013086.

Bialystok, E. （2018）. Bilingual education for young children: review of the effects and consequences. International journal of bilingual education and bilingualism, 21（6）, 666-679. doi: 10.1080/13670050.2016.1203859.

Bloomberg, L.D., & Volpe, M.（2016）. *Completing your qualitative dissertation: A road map from beginning to end*. Thousand Oaks, CA: Sage.

Bourdieu, P.(1977). The economics of linguistic exchanges. *Social Science Information, 16*（6）, 645–668. Retrieved from https://doi.org/10.1177/053901847701600601.

Bourdieu, P.（1986）. The forms of capital. In J. G. Richardson（Ed.）*Handbook of Theory and Research in the sociology of education*（pp.241-58）.

Westport, CT: Greenwood Press.

Bourdieu, P.（1994）. *Texts of sociology*. Athens: Delfini.

Bourdieu, P.（1997）. The forms of capital. In A. H. Halsey, H. Lauder, P. Brown, & A. Stuart- Wells（Eds.）, *Education: Culture, economy and society*（pp. 46-58）. New York: Oxford University Press.

Brisk, M. E.（2006）. Bilingual education: From compensatory to quality schooling. Thousand Oaks, CA: Routledge.

Brown, C. L.（2011）. Maintaining heritage language: Perspectives of Korean parents.*Multicultural Education, 19*（1）, 31-37.Retrieved from https://files.eric.ed.gov/fulltext/EJ986889.pdf.

Budiyana, Y. E. （2017）. Students' parents' attitudes toward Chinese heritage language maintenance. *Theory and Practice in Language Studies, 7*（3）, 195-200. doi: http://dx.doi.org/10.17507/tpls.0703.05.

Chao, X., & Ma, X.（2017）. Transnational habitus: Educational, bilingual and biliteracy practices of Chinese sojourner families in the US. *Journal of Early Childhood Literacy*, 1468798417729551. doi: 10.1177/1468798417729551.

Chatterjee, S., & Hadi, A. S.（2015）. *Regression analysis by example*. John Wiley & Sons.

Cheema, J. R.（2014）. A review of missing data handling methods in education research. *Review of Educational Research, 84*（4）, 487-508. Retrieved from https://doi.org/10.3102/0034654314532697.

Chen, H., Butler, E., & Liang, X.（2018）. Facilitating or impeding acculturation: A qualitative study on mobile social messaging in first-generation Chinese immigrants' everyday lives. *Journal of Intercultural Communication Research, 47*（6）, 510-529. doi: 10.1080/17475759.2018.1503192.

Chen, J. Wang, C. & Cai, J（2010）. *Teaching and learning Chinese: Issues and perspectives*, Charlotte, NC: Information Age Publishing, Inc.

Chen, S. H., Zhou, Q., & Uchikoshi, Y.（2018）. Heritage language socialization in Chinese American immigrant families: Prospective links to children's heritage language proficiency. *International Journal of Bilingual Education and Bilingualism*, 1-17. doi: 10.1080/13670050.2018.1547680.

Chiswick, B. R., & Miller, P. W.（1995）. The endogeneity between language and earnings: International analyses. *Journal of labor economics*, *13*（2）, 246-288. Retrieved from https://www.journals.uchicago.edu/doi/abs/10.1086/298374.

Cho, H.（2016）. Formal and informal academic language socialization of a bilingual child. *International Journal of Bilingual Education and Bilingualism*, *19*（4）, 387-407. doi: 10.1080/13670050.2014.993303.

Chung, H.（2013）. Korean temporary migrant mothers' conceptualization of parent involvement in the United States. *Asia Pacific Journal of Education*, *33*（4）, 461-475. doi:10.1080/02188791.2013.810141.

Cohen, J.（1988）. *Statistical power analysis for the behavioral sciences*, 2nd ed. Hillsdale, NJ:Erlbaum.

Cohen, J.（1992）. A power primer. *Psychological Bulletin*, 112, 155-159.

Creswell, J. W., & Miller, D. L.（2000）. Determining validity in qualitative inquiry. *Theory into practice*, *39*（3）, 124-130. doi: 10.1207/s15430421tip3903_2.

Creswell, J. W.（2015）. *Research design: Qualitative, quantitative, and mixed methods approaches*. Thousand Oaks, CA: Sage publications.

Creswell, J. W.（2015）. *Educational research: Planning, conducting, and evaluating quantitative*. Upper Saddle River, NJ: Prentice Hall.

Creswell, J. W., & Clark, V. L. P.（2017）. *Designing and conducting mixed methods research*. Thousand Oaks, CA: Sage publications.

Cummins, J.（2000）. Language, power, and pedagogy: Bilingual children in the crossfire. Buffalo, NY: Multilingual Matters.

Darvin, R., & Norton, B.（2015）. Identity and a model of investment in applied linguistics, Cambridge University Press, 35, 36-56. doi: 10.1017/S0267190514000191.

Ding, S., & Saunders, R. A.（2006）. Talking up China: An analysis of China's rising cultural power and global promotion of the Chinese language. *East Asia*, *23*（2）, 3-33. Retrieved from https://doi.org/10.1007/s12140-006-0021-2.

Dotterer, A. M., & Wehrspann, E.（2016）. Parent involvement and academic outcomes among urban adolescents: Examining the role of school engagement. *Educational Psychology, 36*（4）, 812-830. doi: 10.1080/01443410.2015.1099617.

Đurišić, M., & Bunijevac, M.（2017）. Parental involvement as an important factor for successful education. *Center for Educational Policy Studies Journal, 7*（3）, 137-153. Retrieved from https://ojs.cepsj.si/index.php/cepsj/article/view/291.

Eloire, F.（2015）.The Bourdieusian conception of social capital: a methodological reflection and application. *Forum for Social Economics*, 47（3-4）, 322-341. doi: 10.1080/07360932.2015.1028084.

Escamilla, K., Hopewell, S., Butvilofsky, S., Sparrow, W., Soltero-González, L., Ruiz-Figueroa, O., & Escamilla, M.（2014）. *Biliteracy from the start: Literacy squared in action*（pp. 25-26）. Philadelphia, PA: Caslon Publishing.

Feinberg, R. C.（2002）. *Bilingual education: A reference handbook.* Santa Barbara, CA: ABC-CLIO.

Fellin, L.（2014）. The Italian new wave: Identity work and socialization practices in a community of new Italian immigrants in America. *Forum Italicum, 48*（2）, 292-310. London, England: Sage.

Fishman, J.A.（2000）. Reversing language shift: RSL theory and practice revisited. In G. KIndell & M.P. Lewis（Ed.）, *Assessing ethnolinguistic vitality: Theory and practice; Selected papers from the Third International Language Assessment Conference*, 1-25. *Publications in Sociolinguistics* 3. Dallas: SIL International.

Gall, M. D., Borg, W. R., & Gall, J. P.（2003）. Educational research: An introduction. Boston: Longman Publishing.

Gao, W., & Smyth, R.（2011）. Economic returns to speaking 'standard Mandarin'among migrants in China's urban labour market. *Economics of Education Review, 30*（2）, 342- 352. doi:10.1016/j.econedurev.2010.11.002.

García, O., Zakharia, Z. & Otcu, B.（2013）. *Bilingual community education and multilingualism.* Bristol: Multilingual Matters.

Garza-Reyna, G. L.（2017）. The academic preparedness of Latino students in dual language and transitional bilingual education programs. Journal of Latinos and Education, 1-9. doi: 10.1080/15348431.2017.1394858.

Goldstein, B. A.（2004）. Bilingual language development and disorders in Spanish-English speakers. Baltimore, MD: Brookes Publishing Company.

Goodrich, J. M., Lonigan, C. J., & Farver, J. M.（2014）. Do early literacy skills in children's first language promote development of skills in their second language? An experimental evaluation of transfer. Journal of Educational Psychology, 105（2）, 414. doi:10.1080/10888438.2013.819355.

Gottlieb, M. H., & Nguyen, D.（2007）. *Assessment and accountability in language education programs:A guide for administrators and teachers*. Philadelphia, PA: Caslon.

Harper, S. N., & Pelletier, J.（2010）. Parent involvement in early childhood: A comparison of English language learners and English first language families. *International Journal of Early Years Education*, *18*（2）, 123-141. doi: 10.1080/09669760.2010.496162.

He, A. W.（2008）. Chinese as a heritage language: An introduction in He, A. W., & Xiao, Y.（Eds.）.（2008）. *Chinese as a heritage language: Fostering rooted world citizenry*（Vol. 2）.Natl Foreign Lg Resource Ctr.

Hilado, A. V., Kallemeyn, L., & Phillips, L.（2013）. Examining understandings of parent involvement in early childhood programs. *Early childhood research & practice*, *15*（2）, n2. Retrieved from http://ecrp.uiuc.edu/v15n2/hilado.html.

Hoff, E.（2006）. How social contexts support and shape language development. *Developmental review*, *26*（1）, 55-88. doi:10.1016/j.dr.2005.11.002.

Hoff, E.（2013）. *Language development*. Belmont, CA: Cengage Learning.

Hoff, E., Laursen, B., & Bridges, K.（2012）. Measurement and model building in studying the influence of socioeconomic status on child development. *The Cambridge handbook of environment in human development*, 590-606. Retrieved from　https://doi.org/10.1017/CBO9781139016827.033.

Hua, Z., & Wei, L.（2016）. Transnational experience, aspiration and family language policy. *Journal of Multilingual and Multicultural Development, 37*（7）, 655-666. doi:10.1080/01434632.2015.1127928.

Huang, G. H., Gove, M., Kolosionek, D., & Lam, E. T.（2018）. What fosters Chinese American students' learning and education? Exploring the key ingredients of Chinese parenting styles and their association with Chinese American students' learning and academic performance. *Education, 139*（2）, 81-95. Retrieved from https://www.questia.com/read/1G1-571022171/what-fosters-chinese-american-students-learning-and .

Huttenlocher, J., Waterfall, H., Vasilyeva, M., Vevea, J., & Hedges, L. V.（2010）. Sources of variability in children's language growth. *Cognitive psychology, 61*（4）, 343-365.

Jiménez-Castellanos, O., Blanchard, J., Atwill, K., & Jiménez-Silva, M.（2014）. Beginning English literacy development and achievement among Spanish-speaking children in Arizona's English-only classrooms: A four-year two-cohort longitudinal study. International Multilingual Research Journal, 8（2）, 104-123. doi: 10.1080/19313152.2013.875812.

Kang, H. S.（2012）. Korean-immigrant parents' support of their American-born children's development and maintenance of the home language. *Early Childhood Education Journal, 41*（6）, 431-438. doi:10.1007/s10643-012-0566-1.

Kim, Y. A., An, S., Kim, H. C. L., & Kim, J.（2018）. Meaning of parental involvement among Korean immigrant parents: A mixed-methods approach. *The Journal of Educational Research, 111*（2）, 127-138. doi: 10.1080/00220671.2016.1220355.

King, K. A., Fogle, L., & Logan-Terry, A.（2008）. Family language policy. *Language and Linguistics Compass, 2*（5）, 907–922. Retrieved from https://doi.org/10.1111/j.1749-818X.2008.00076.x.

Kondo-Brown, K.（Ed.）.（2006）. *Heritage language development: Focus on East Asian immigrants*（Vol. 32）. John Benjamins Publishing.

Koustourakis, G., Asimaki, A., & Spiliopoulou, G.（2018）. Cultural activities and the family's 'institutionalised' cultural capital: the case of native and immigrant primary school pupils. *Pedagogy, Culture & Society, 26*（3）, 397-415. doi: 10.1080/14681366.2017.1412340.

Kraaykamp, G., & Notten, N.（2016）. Parental cultural socialization and educational attainment. Trend effects of traditional cultural capital and media involvement. *Research in Social Stratification and Mobility, 45*, 63-71. Retrieved from https://doi.org/10.1016/j.rssm.2016.08.003.

Kremin, L. V., Arredondo, M. M., Hsu, L. S. J., Satterfield, T., & Kovelman, I.（2019）. The effects of Spanish heritage language literacy on English reading for Spanish–English bilingual children in the US. International journal of bilingual education and bilingualism, 22（2）, 192-206. doi: 10.1080/13670050.2016.1239692.

Kuo, L. J., Ramirez, G., de Marin, S., Kim, T. J., & Unal-Gezer, M.（2017）. Bilingualism and morphological awareness: A study with children from general education and Spanish-English dual language programs. Educational Psychology, 37（2）, 94-111. doi: 10.1080/01443410.2015.1049586.

Kwon, J.（2017）. Immigrant mothers' beliefs and transnational strategies for their children's heritage language maintenance. *Language and Education, 31*（6）, 495-508. doi: 10.1080/09500782.2017.1349137.

LaRocque, M., Kleiman, I., & Darling, S. M.（2011）. Parental involvement: The missing link in school achievement. *Preventing School Failure, 55*（3）, 115-122. doi:10.1080/10459880903472876.

Law, S.（2015）. Children learning Chinese as a home language in an English-dominant society. *International Journal of Bilingual Education and Bilingualism, 18*（6）, 735-748. doi: 10.1080/13670050.2014.946399.

Lee, J. S., & Bowen, N. K.（2006）. Parent involvement, cultural capital, and the achievement gap among elementary school children. *American Educational Research Journal, 43*（2）, 193-218. Retrieved from https://doi.org/10.3102/00028312043002193.

Leech, N. L., Barrett, K. C., & Morgan, G. A.（2015）. *IBM SPSS for intermediate statistics: Use and interpretation*. CA: Routledge.

Liang, F.（2018）. Parental perceptions toward and practices of heritage language maintenance: Focusing on the United States and Canada. *Online Submission, 12*（2）, 65-86. Retrieved from https://files.eric.ed.gov/fulltext/ED581470.pdf.

Li, G., & Wen, K.（2015）. East Asian heritage language education for a plurilingual reality in the United States:Practices, potholes, and possibilities. *International Multilingual Research Journal, 9*（4）, 274-290. doi: 10.1080/19313152.2015.1086623.

Li, G.（2007）. Home environment and second‐language acquisition: The importance of family capital. *British Journal of Sociology of Education, 28*（3）, 285-299. doi: 10.1080/01425690701252028.

Li, M.（2005）. The role of parents in Chinese heritage-language schools. *Bilingual Research Journal, 29*（1）, 197-207.doi: 10.1080/15235882.2005.10162831.

Lindholm-Leary, K., & Hernández, A.（2011）. Achievement and language proficiency of Latino students in dual language programmes: Native English speakers, fluent English/previous ELLs, and current ELLs. Journal of Multilingual and Multicultural Development, 32（6）, 531-545. doi: 10.1080/01434632.2011.611596.

Lindholm-Leary, K.（2014）. Bilingual and biliteracy skills in young Spanish-speaking low-SES children: Impact of instructional language and primary language proficiency. International Journal of Bilingual Education and Bilingualism, 17（2）, 144-159. doi: 10.1080/13670050.2013.866625.

Liu, N.（2014）. Chinese heritage language schools in the United States. *Learning Chinese in diasporic communities: Many pathways to being Chinese*, 81-96. Retrieved from https://www.cal.org/heritage/pdfs/briefs/chinese-heritage-language-schools-in-the-us.pdf.

Liu, S. W., Zhai, F., & Gao, Q.（2017）. Parental acculturation and parenting in Chinese immigrant families: The mediating role of social support. *China Journal of Social Work, 10*（2-3）, 203-219. doi: 10.1080/17525098.2017.1416992.

Luo, H., Li, Y., & Li, M. Y.（2019）. Heritage language education in the United States: A national survey of college-level Chinese language programs. *Foreign Language Annals, 52*（1）, 101-120. Retrieved from https://doi.org/10.1111/flan.12378.

Manz, P. H., Fantuzzo, J. W., & Power, T. J.（2004）. Multidimensional assessment of family involvement among urban elementary students. *Journal of School Psychology*, 42, 461–475. doi:10.1016/j.jsp.2004.08.002.

Marshall, C., & Rossman, G. B.（2014）. *Designing qualitative research*. Thousand Oaks, CA: Sage.

Martin, W. E., & Bridgmon, K. D.（2012）. *Quantitative and statistical research methods: From hypothesis to results*（Vol. 42）. John Wiley & Sons.

McGinnis, S.（2005）. From mirror to compass: The Chinese heritage language education sector in the United States. In D.M. Brinton, O. Kagan, & S. Bauckus, （Eds.）, *Heritage language education: A new field emerging* （pp. 229-242）. London & New York: Routledge Taylor & Francis Group.

McNeal Jr, R. B.（2014）. Parent involvement, academic achievement and the role of student attitudes and behaviors as mediators. *Universal Journal of Educational Research*, 2（8）, 564-576. doi: 10.13189/ujer.2014.020805.

Melo-Pfeifer, S.（2015）. The role of the family in heritage language use and learning: Impact on heritage language policies. *International Journal of Bilingual Education and Bilingualism*, 18（1）, 26-44. doi: 10.1080/13670050.2013.868400.

Monkman, K., Ronald, M., & Théramène, F. D.（2005）. Social and cultural capital in an urban Latino school community. *Urban Education*, 40（1）, 4-33. doi: 10.1177/0042085904270416.

Morgan, G. A., Leech, N. L., Gloeckner, G. W., & Barrett, K. C.（2012）. *IBM SPSS for introductory statistics: Use and interpretation*. Routledge.

Mori, Y., & Calder, T. M.（2017）. The role of parental support and family variables in L1 and L2 vocabulary development of Japanese Heritage Language students in the United States. *Foreign Language Annals*, 50（4）, 754-775. doi: 10.1111/flan.12304.

Mu, G. M.（2014）. Learning Chinese as a heritage language in Australia and beyond: The role of capital. *Language and Education*, 28 （5）, 477-492.

doi:10.1080/09500782.2014.908905.

Mu, G. M.（2015）. *Learning Chinese as a heritage language: An Australian perspective*（Vol.162）. Multilingual Matters.

Mu, G. M., & Dooley, K.（2015）. Coming into an inheritance: Family support and Chinese heritage language learning. *International Journal of Bilingual Education and Bilingualism, 18*（4）, 501-515. doi: 10.1080/13670050.2014.928258.

Muijs, D.（2010）. *Doing quantitative research in education with SPSS.* Thousand Oaks, CA: Sage publications.

Nam, B. H., & Park, D. B.（2014）. Parent involvement: Perceptions of recent immigrant parents in a suburban school district, Minnesota. *Educational Studies, 40*（3）, 310- 329. doi: 10.1080/03055698.2014.898576.

National Center for Education Statistics（2017）. *English language learners in public schools.* Retrieved from https://nces.ed.gov/programs/coe/pdf/Indicator_CGF/coe_cgf_2017_05.pdf.

Nesteruk, O.（2010）. Heritage language maintenance and loss among the children of Eastern European immigrants in the USA. *Journal of Multilingual and Multicultural Development, 31*（3）, 271-286. doi: 10.1080/01434630903582722.

Ng, F. F. Y., Sze, I. N. L., Tamis‐LeMonda, C. S., & Ruble, D. N.（2017）. Immigrant Chinese mothers' socialization of achievement in children: A strategic adaptation to the host society. *Child development, 88*（3）, 979-995. doi: 10.1111/cdev.12701.

No Child Left Behind Act of 2001, P.L. 107-110, 20 U.S.C. § 6319（2002）. Retrieved from https://www2.ed.gov/nclb/overview/intro/guide/index.html.

Norton, B.（2000）. *Identity and language learning: Gender, ethnicity and educational change.* Harlow: Pearson Education Limited.

Oh, J. S., & Fuligni, A. J.（2010）. The role of heritage language development in the ethnic identity and family relationships of adolescents from immigrant backgrounds. *Social Development, 19*（1）, 202-220. Retrieved from https://doi.org/10.1111/j.1467-9507.2008.00530.x.

O'Rourke, P., & Zhou, Q.（2018）. Heritage and second language learners: different perspectives on language learning. *International Journal of Bilingual Education and Bilingualism, 21*（8）, 994-1003. doi: 10.1080/13670050.2016.1228598.

Pang, H.（2018）. Understanding the effects of WeChat on perceived social capital and psychological well-being among Chinese international college students in Germany. *Aslib Journal of Information Management.* Retrieved from https://doi.org/10.1108/AJIM-01-2018-0003.

Park, H., Tsai, K. M., Liu, L. L., & Lau, A. S.（2012）. Transactional associations between supportive family climate and young children's heritage language proficiency in immigrant families. *International Journal of Behavioral Development, 36*（3）, 226-236. doi: 10.1177/0165025412439842.

Park, S. M.（2013）. Immigrant students' heritage language and cultural identity maintenance in multilingual and multicultural societies. *Concordia Working Papers in Applied Linguistics, 4*, 30-53. Retrieved from http://doe.concordia.ca/copal/documents/4_Park_Vol4.pdf.

Park, S. M., & Sarkar, M.（2007）. Parents' attitudes toward heritage language maintenance for their children and their efforts to help their children maintain the heritage language: A case study of Korean-Canadian immigrants. *Language, culture and curriculum, 20*（3）, 223-235. doi: 10.2167/lcc337.0.

Peyton, J. K., Ranard, D. A., & McGinnis, S.（2001）. *Heritage languages in America: Preserving a national resource. Language in education: Theory and practice.* Miller Parkway, IL: Delta Systems Company.

Piri, S., Pishghadam, R., Dixon, L., & Rasekh, Z. E.（2018）. Predictors of L2 achievement: Testing a model based on EFL learners' emotional, social, and cultural capitals. *Issues in Educational Research, 28*（3）, 737-755. Retrieved from http://www.iier.org.au/iier28/piri.pdf.

Pishghadam, R., Noghani, M., & Zabihi, R.（2011）. An application of a questionnaire of social and cultural capital to English language learning. *English Language Teaching, 4*（3）, 151-157. doi:10.5539/elt.v4n3p151 doi:10.5539/elt.v4n3p151.

Polanco, P., & Luft de Baker, D.（2018）. Transitional bilingual education and two-way immersion programs: Comparison of reading outcomes for English learners in the United   States. Athens Journal of Education, 5（4）, 423-444. doi:10.30958/aje.5-4-5.

Polinsky, M.（2008）. Heritage language narratives. In *Heritage language education: A new field emerging*, 149-164. Retrieved from   https://scholar.harvard. edu/mpolinsky/publications/heritage-language-narratives.

Proctor, C. P., August, D., Carlo, M., & Barr, C.（2010）. Language maintenance versus language of instruction: Spanish reading development among Latino and Latina bilingual   learners. Journal of Social Issues, 66（1）, 79-94. Retrieved from   https://doi.org/10.1111/j.1540-4560.2009.01634.x.

Rodríguez-García, D., Solana-Solana, M., Ortiz-Guitart, A., & Freedman, J. L. （2018）. Linguistic cultural capital among descendants of mixed couples in Catalonia, Spain: Realities and inequalities. *Journal of Intercultural Studies*, *39*（4）, 429-450. doi: 10.1080/07256868.2018.1487388.

Rogošić, S., & Baranović, B.（2016）. Social capital and educational achievements: Coleman vs. Bourdieu. *Center for Educational Policy Studies Journal*, *6*（2）, 81-100. Retrieved from   https://files.eric.ed.gov/fulltext/EJ1128914.pdf.

Rolstad, K., Mahoney, K., & Glass, G. V.（2005）. The big picture: A meta-analysis of program effectiveness research on English language learners. Educational policy, 19（4）, 572-594.   doi: 10.1177/0895904805278067.

Schieffelin, B. B., & Ochs, E.（1986）. Language socialization. *Annual review of anthropology*, *15*（1）, 163-191. doi: 10.1093/OBO/9780199766567-0111.

Skop, E., & Li, W.（2005）. Asians in America's suburbs: Patterns and consequences of settlement. *Geographical Review*, *95*（2）, 167-188. Retrieved from   http://www.jstor.org/stable/30033986.

Smith-Christmas, C.（2016）. What is family language policy?. In *Family Language Policy: Maintaining an Endangered Language in the Home*（pp. 1-19）. Palgrave Pivot, London.

Song, J.（2012）. Imagined communities and language socialization practices in transnational space: A case study of two Korean "study abroad" families in the United States. *The Modern Language Journal, 96* （4）, 507-524. doi: 10.1111/j.1540-4781.2012.01395.x.

Sparrow, W., Butvilofsky, S., & Escamilla, K.（2012）. The evolution of biliterate writing development through simultaneous bilingual literacy instruction. In E. B. Bauer & M. Gort（Eds.）, Early biliteracy development: Exploring young learners' use of their linguistic resources, 157-181.

Stanton-Salazar, R. D.（1997）. A social capital framework for understanding the socialization of racial minority children and youths. *Harvard educational review*, 67, 1-40. Retrieved from   https://doi.org/10.17763/haer.67.1.140676g74018u73k.

Streiner, D. L.（2003）. Starting at the beginning: an introduction to coefficient alpha and internal consistency. *Journal of personality assessment, 80*（1）, 99-103. doi: 10.1207/S15327752JPA8001_18.

Strobel, B.（2016）. Does family language matter? The role of foreign language use and family social capital in the educational achievement of immigrant students in Germany. *Ethnic and Racial Studies, 39*（14）, 2641-2663. doi: 10.1080/01419870.2016.1145712.

Sullivan, A.（2001）. Cultural capital and educational attainment. *Sociology, 35*（4）, 893-912.

Taherdoost, H.（2016）. Validity and reliability of the research instrument; how to test the validation of a questionnaire/survey in a research. *How to Test the Validation of a Questionnaire/Survey in a Research （August 10, 2016 ）*. Retrieved from   https://papers.ssrn.com/sol3/papers.cfm?abstract_id=3205040.

Texas Education Agency（2020）. *Enrollment in Texas Public Schools 2018-19*. Retrieved from   https://tea.texas.gov/sites/default/files/enroll_2018-19.pdf.

The Texas Tribune（2020）. *Kingsville ISD*. Retrieved from https://schools.texastribune.org/districts/kingsville- isd/

Thirutnurthy, V., Kirylo, J. D., & Ciabattari, T.（2010）. Issue in education: Cultural capital, social capital, and educational inequality. *Childhood*

Education, 87（2）, 119-121. doi: 10.1080/00094056.2011.10521456.

Toldson, I. A., & Lemmons, B. P.（2013）. Social demographics, the school environment, and parenting practices associated with parents' participation in schools and academic success among Black, Hispanic, and White students. *Journal of Human Behavior in the Social Environment, 23*（2）, 237-255.doi: 10.1080/10911359.2013.747407.

Uchikoshi, Y., & Maniates, H.（2010）. How does bilingual instruction enhance English achievement? A mixed-methods study of Cantonese-speaking and Spanish-speaking bilingual classrooms. *Bilingual Research Journal, 33*（3）, 364-385. doi: 10.1080/15235882.2010.525294.

U.S. Census Bureau.（2020）. *Census 2000: Chinese largest Asian group in the United States.* Retrieved from https://www.census.gov/newsroom/releases/archives/census_2000/cb02-cn59.html.

U.S. Census Bureau.（2016）. *American community survey*, Table B16001. Retrieved from https://factfinder.census.gov/faces/tableservices/jsf/pages/productview.xhtml?src=bkmk.

U.S. Census Bureau.（2020）. *Quick facts about Texas.* Retrieved from https://www.census.gov/quickfacts/fact/table/TX/RHI425218#RHI425218.

Valdés, G.（2014）. Heritage language students: Profiles and possibilities. In *Handbook of heritage, community, and native American languages in the United States*（pp. 41-49）. Routledge.

Valentino, R. A., & Reardon, S. F.（2015）. Effectiveness of four instructional programs designed to serve English learners: Variation by ethnicity and initial English proficiency. Educational Evaluation and Policy Analysis, 37（4）, 612-637. doi: 10.3102/0162373715573310.

Velázquez, I.（2013）. Mother's social network and family language maintenance. *Journal of Multilingual and Multicultural Development, 34*（2）, 189-202. doi: 10.1080/01434632.2012.720984.

Vera, E. M., Israel, M. S., Coyle, L., Cross, J., Knight-Lynn, L., Moallem, I., Bartucci, G. & Goldberger, N.（2012）. Exploring the educational involvement of parents of English learners. *School Community Journal, 22*（2）,183-202.

Retrieved from https://files.eric.ed.gov/fulltext/EJ1001618.pdf.

Von Otter, C., & Stenberg, S. Å.（2015）. Social capital, human capital and parent–child relation quality: interacting for children's educational achievement? *British Journal of Sociology of Education, 36*（7）, 996-1016. doi: 10.1080/01425692.2014.883275.

Wilder, S.（2014）. Effects of parental involvement on academic achievement: A meta-synthesis. *Educational Review, 66*（3）, 377-397.doi: 10.1080/00131911.2013.780009.

Wu, M. H., Lee, K., & Leung, G.（2014）. Heritage language education and investment among Asian American middle schoolers: Insights from a charter school. *Language and Education, 28*（1）, 19-33. doi: 10.1080/09500782.2013.763818.

Xiao, Y.（2008）. Home literacy environment in Chinese as a Heritage Language. In A. W. He & Y. Xiao （Eds.）, *Chinese as a Heritage Language: Fostering rooted world citizenry* （pp. 151-166）. Hololulu: University of Hawai'i Press, National Foreign Language Resource Center.

Xiao, Y.（2015）. Chinese immigrants and heritage schools in the United States. Retrieved from National Heritage Language Resource Center https://nhlrc.ucla. edu/nhlrc/article/150270.

Xie, C., Putrevu, J. S. H., & Linder, C.（2017, July）. Family, friends, and cultural connectedness: a comparison between WeChat and Facebook user motivation, experience and NPS among Chinese people living overseas. In *International Conference on Cross-Cultural Design* （pp. 369-382）. Springer, Cham. doi: 10.1007/978-3-319-57931-3_30.

Zamanzadeh, V., Ghahramanian, A., Rassouli, M., Abbaszadeh, A., Alavi-Majd, H., & Nikanfar, A. R.（2015）. Design and implementation content validity study: development of an instrument for measuring patient-centered communication. *Journal of caring sciences, 4*（2）, 165. doi: 10.15171/jcs.2015.017.

Zhang, D.（2010）. Language maintenance and language shift among Chinese immigrant parents and their second-generation children in the US. *Bilingual Research Journal, 33*（1）, 42-60. doi: 10.1080/15235881003733258.

Zhang, D. （2012）. Co-ethnic network, social class, and heritage language maintenance among Chinese immigrant families. *Journal of Language, Identity & Education, 11* （3）, 200-223. doi: 10.1080/15348458.2012.686408.

Zhang, D., & Slaughter-Defoe, D. T. （2009）. Language attitudes and heritage language maintenance among Chinese immigrant families in the USA. *Language, culture and curriculum, 22* （2）, 77-93. doi: 10.1080/07908310902935940.

Zhang, J. （2009）. Mandarin maintenance among immigrant children from the People's Republic of China: An examination of individual networks of linguistic contact. *Language, Culture and Curriculum,22* （ 3 ） , 195-213. doi: 10.1080/07908310903308279.

Zhou, M., & Kim, R. Y.（2001）. Formation, consolidation, and diversification of the ethnic elite: The case of the Chinese immigrant community in the United States. *Journal of International Migration and Integration/Revue de l'integration et de la migration internationale, 2*(2), 227-247. doi: 10.1007/s12134-001-1029-5.

附录（APPENDICES）

附录 A （APPENDIX A）

同意书 （中文版）

项目名称：中国移民父母的资本在其子女的中文遗产语言发展中的作用

您被邀请参加一项由研究人员刘莉进行的研究。本表中的信息是为了帮助您决定是否参加。如果您决定参加这项研究，您将被要求阅读这份同意书。如果您决定不参加，对您不会有任何惩罚，您也不会失去您通常会有的任何好处。

为什么要做这项研究？
本研究在定量阶段的目的是调查在中国成长并获得中文能力的中国移民父母的社会、文化、经济和象征性资本与他们的子女的中国传统语言发展之间的关系。本研究在定性阶段还将试图探讨中国移民父母对其子女学习汉语的经济、文化、社会和象征性资本投资的回报的理解。

为什么我被要求参加这项研究？
要求您参加这项研究，是因为这项研究是关于中国移民父母的不同形式的资本与他们的子女的中文遗产语言发展之间的关系。您是一位在中国获得中文能力的中国移民家长，并且有一个或多个未满 18 岁的子女，您的参与将有助于促进您子女的中文遗产语言发展。

有多少人将被要求参与这项研究？

在本研究的定量阶段，将有 300 人（参与者）被邀请参加在线调查。十名参与者将被邀请参加本研究定性阶段的访谈。访谈将在您方便的地点进行。

是否有替代方案来参与这项研究？

不，参加研究的替代方案是不参加。

在这项研究中我将被要求做什么？

您将被要求填写一份调查问卷。您对这项研究的参与最多持续 15 分钟。如果您同意参加后续访谈，您将被要求使用我们设计的访谈问题进行一次访谈。您参与访谈的时间将在 20-30 分钟之间，访谈将被录音，随后将被转录成文字。访谈将在您方便的地方进行。

研究期间是否会对我进行拍照、录像或录音？

如果您只愿意填写问卷，则不会进行录音。如果您自愿参加问卷调查后进行的访谈，研究人员将进行录音，以便研究人员记录访谈内容，并在您同意的情况下对收集的数据进行定性分析。请在下面的空白处签上您的决定。

_____   我允许在我参与本研究期间对我进行录音。

_____   我不同意在我参与本研究期间对我进行录音。

对我来说有什么风险吗？

您要做的事情并不比您在日常生活中遇到的风险多/大。虽然研究人员已经尽量避免风险，但您可能会觉得向您提出的一些问题/程序会给您带来压力或不安。您不需要回答任何您不想回答的问题。我们将向您提供有关可能帮助您解决这些问题的个人和/或组织的信息。

我是否会有任何费用？

除了您的时间，参加这项研究没有任何费用。

我参加这项研究是否会得到报酬？

您将收到一份小礼物，价值三美元。

这项研究的信息是否会被保密？

我们要求您在访谈中不要提供任何个人身份信息（如您的姓名、出生日期或身份证号码）。本研究的记录将被保存在一个安全的地方。在任何报告或数据传播（演示或出版）中，都不会有将您与本研究联系起来的识别信息。能够接触到您的信息的人包括首席调查员和学生研究人员。监管机构的代表，如人类研究保护办公室（OHRP）和实体，如得克萨斯 A&M 大学人类研究对象保护计划，可能会访问您的记录，以确保研究的正确运行和信息的正确收集。与本研究有关的您的信息将在法律允许或要求的范围内被保密。

我可以联系谁来获取更多信息？

您可以通过 3615932871 或 norma. guzman@tamuk.edu 与导师 Norma Guzman 联系，告诉她关于这项研究的担忧或投诉。您也可以通过 3612285119 或 li.liu@tamuk.edu, 与学生研究人员刘莉联系。

如果您对自己作为研究参与者的权利有疑问，想对研究提供意见，或者对研究有疑问、投诉或担忧，您可以打电话给研究和赞助项目办公室的得克萨斯 A&M大学金斯维尔机构审查委员会，电话是361-593-2677，或者电子邮件是 ResearchCompliance@tamuk.edu.

如果我改变了对参与的看法怎么办？

这项研究是自愿的，您可以选择是否参加这项研究。您可以在任何时候决定不开始或停止参与。如果您选择不参加本研究或停止参加本研究，对您目前的状态没有影响。任何关于研究的新发现的信息都将提供给您。这些信息可能会影响您继续参与的意愿。

同意声明

我同意参与这项研究，并知道我不会因为参与而放弃任何法律权利。我们已经向我解释了程序、风险和益处，并回答了我的问题。我知道，如果有关于这项研究的新信息，研究者会提供给我，如果我必须退出研究，研究人员也会告诉我。如果我愿意，我可以提出更多问题。本同意书全文的副本将交给我。我确认我已年满 18 岁或以上。

调查员的宣誓书。

我或我的代理人已经向参与者仔细解释了上述项目的性质。我在此证明，就我所知，阅读本同意书的人已被告知其参与的性质、要求、好处和风险。

本研究项目已经过德州大学金斯维尔分校机构审查委员会的审查和批准，以保护人的主体。如对研究有任何疑问、投诉或关切，可致电361-593-2677联系研究和研究生部办公室，或发送电子邮件至
ResearchCompliance@tamuk.edu

Protocol #: 2020-051/12388	IRB批准的文件 12388

附录 B （APPENDIX B）

CONSENT FORM （ENGLISH VERSION）

Project Title: The Role of Chinese Immigrant Parents' Capital in the Development of Their Children's Chinese Heritage Language

You are invited to take part in a research study being conducted by Li Liu, a researcher from Texas A&M University – Kingsville. The information in this form is provided to help you decide whether or not to take part. If you decide to take part in the study, you will be asked to read this consent form. If you decide you do not want to participate, there will be no penalty to you, and you will not lose any benefits you normally would have.

Why Is This Study Being Done?

The purpose of this study in the quantitative phase is to investigate the relationship between social, cultural, economic, and symbolic capital of Chinese immigrant parents who grow up and acquire Chinese proficiency in China and their children's Chinese heritage language （CHL） development. This study in the qualitative phase will also attempt to explore Chinese immigrant parents' understandings of returns from their investment of economic, cultural, social, and symbolic capital in their children's CHL learning.

Why Am I Being Asked To Be In This Study?

You are being asked to be in this study because this study is about the relationship between Chinese immigrant parents' different forms of capital and their children's Chinese heritage language development. You are a Chinese immigrant parent who have acquired Chinese proficiency in China and have a child or children who are under eighteen years old and your participation will assist in promoting your children's Chinese heritage language development.

How Many People Will Be Asked To Be In This Study?

Three hundred people（participants）will be invited to take the online survey in the quantitative phase of this study locally. Four participants will be invited to take the interview in the qualitative phase of the study. The interviews will be administered in a convenient location for you.

Are there Alternatives to being in this study?

No, the alternative to being in the study is not to participate.

What Will I Be Asked To Do In This Study?

You will be asked to fill out a questionnaire. Your participation in this study will last up to 15 minutes. If you agree to participate in the follow-up interview, you will be asked to have an interview once using the interview questions we have designed. Your participation in the interview will last between 20-30 minutes and the interview will be audio-recorded and later transcribed. The interviews will be administered in a convenient location for you.

Will Photos, Video or Audio Recordings Be Made Of Me during the Study?

If you are only willing to fill in the questionnaire, no audio will be made. If you volunteer to take the interview which will be conducted after the questionnaire, the researcher will take an audio recording so that the researcher can record the interviews, and have qualitative analysis of the data collected only if you give your permission to do so. Indicate your decision below by initialing in the space provided.

_____ I give my permission for audio recordings to be made of me during my participation in this research study.

_____ I do not give my permission for audio recordings to be made of me during my participation in this research study.

Are There Any Risks To Me?

The things that you will be doing are no more/greater than risks than you would come across in everyday life. Although the researchers have tried to avoid risks, you may feel that some questions/procedures that are asked of you will be stressful or upsetting. You do not have to answer anything you do not want to. Information about individuals and/or organizations that may be able to help you with these problems will be given to you.

Will There Be Any Costs To Me?

Aside from your time, there are no costs for taking part in the study.

Will I Be Paid To Be In This Study?

You will receive a small gift which is worth three dollars.

Will Information From This Study Be Kept Private?

We ask that you NOT provide any personally identifiable information in the interviews （such as your name, date of birth, or identification number）. The records for this study will be kept private in a safe location. No identifiers linking you to this study will be included in any report or data dissemination （presentation or publication）. People who have access to your information include the Principal Investigator and the student researcher. Representatives of regulatory agencies such as the Office of Human Research Protections （OHRP） and entities such as the Texas A&M University Human Subjects Protection Program may access your records to make sure the study is being run correctly and that information is collected properly. Information about you related to this study will be kept confidential to the extent permitted or required by law.

Who may I Contact for More Information?

You may contact the supervisor, Norma Guzman, to tell her about a concern or complaint about this research at 3615932871 or norma. guzman@tamuk.edu. You may also contact the student researcher, Li Liu at 3612285119 or li.liu@tamuk.edu.

For questions about your rights as a research participant, to provide input regarding research, or if you have questions, complaints, or concerns about the research, you may call the Texas A&M University- Kingsville Institutional Review Board at the Office of Research and Sponsored Programs by phone at 361-593-2677, or by email at ResearchCompliance@tamuk.edu.

What if I Change My Mind About Participating?

This research is voluntary and you have the choice whether or not to be in this research study. You may decide to not begin or to stop participating at any time. If you choose not to be in this study or stop being in the study, there will be no effect on your current status. Any new information discovered about the research will be provided to you. This information could affect your willingness to continue your participation.

STATEMENT OF CONSENT

I agree to be in this study and know that I am not giving up any legal rights by participating. The procedures, risks, and benefits have been explained to me, and my questions have been answered. I know that new information about this research study will be provided to me as it becomes available and that the researcher will tell me if I must be removed from the study. I can ask more questions if I want. A copy of this entire consent form will be given to me. I confirm that I am 18 years of age or older.

INVESTIGATOR'S AFFIDAVIT:

Either I have or my agent has carefully explained to the participant the nature of the above project. I hereby certify that to the best of my knowledge the person who read this consent form was informed of the nature, demands, benefits, and risks involved in his/her participation.

THIS RESEARCH PROJECT HAS BEEN REVIEWED & APPROVED BY THE TEXAS A&M UNIVERSITY — KINGSVILLE INSTITUTIONAL REVIEW BOARD FOR THE PROTECTION OF HUMAN SUBJECTS. FOR QUESTIONS, COMPLAINTS, OR CONCERNS ABOUT THE RESEARCH, YOU MAY CONTACT THE OFFICE OF RESEARCH AND GRADUATE STUDIES BY PHONE AT 361-593-2677, OR BY EMAIL AT ResearchCompliance@tamuk.edu	
Protocol #: 2020-051/12388	**IRB Approved Document: 12388**

附录 C （APPENDIX C）

中国移民父母的资本与其子女的中文发展调查问卷（中文版）

A.父母的人口统计信息。

性别	□男性 □女性 □其他（请注明）
年龄	
您的最高教育水平	□高中以下 □高中学历 □贸易/技术/职业培训 □上过大学，没有学位 □学士学位 □硕士学位 □博士学位
你的年收入	□低于 20,000 美元 □20,000-34,999 美元 □35,000-49,999 美元 □50,000-74,999 美元 □75,000-99,999 美元 □100,000 美元以上
在美国生活的年数	
你在家里讲什么语言？	□中国普通话占主导地位 □英语占主导地位 □英语和中文普通话都有（大约一半一半）。 □其他语言或其他语言与英语和汉语的混合语言
一年来你花在子女学习中文上的钱	□0-$999 □$1000-$1999 □$2000-$2999 □$3000-$3999 □$4000-$4999 □$5000 以上
你有多少次带你的子女去中国？	□一年 4 次以上 □一年 4 次 □一年 3 次 □一年 2 次 □一年 1 次 □从未见过

B.资本调查

指示。请回答你在多大程度上同意以下说法？

关键词：1=强烈不同意（SD）；2=不同意（D）；3=中立（N）；4=同意（A）；

5=强烈同意（SA）+。

序号	声明	SD	D	N	A	SA
1	如果我想和我的孩子一起去中国旅行，钱不是问题。	1	2	3	4	5
2	如果我愿意，我可以负担我的孩子在中文学校学习的任意时长。	1	2	3	4	5
3	如果我愿意，我有能力聘请私人家教来教我的孩子学习中文。	1	2	3	4	5
4	如果我想为我的孩子购买中文学习材料，如教科书、字典和磁带，钱从来不是问题。	1	2	3	4	5
5	学习中文对我的孩子非常重要。	1	2	3	4	5
6	如果我的孩子错过了庆祝中国的节日（春节、中秋等），我感到非常难过。	1	2	3	4	5
7	我总是通过看电视和我的孩子一起了解中国的时事。	1	2	3	4	5
8	我总是通过听广播与我的孩子一起了解最新的中国时事。	1	2	3	4	5
9	我总是通过上网和我的孩子一起了解中国的时事。	1	2	3	4	5
10	如果图书馆、画廊、博物馆、剧院或音乐会等场所有中国文化特色的，我总是和孩子一起去。	1	2	3	4	5
11	我给我的孩子读了很多关于中国的书。	1	2	3	4	5

续表

序号	声明	SD	D	N	A	SA
12	我在练习中国文化活动方面投入了大量时间，例如与孩子一起学习乐器、书法或绘画。	1	2	3	4	5
13	我的大多数朋友都是华裔。	1	2	3	4	5
14	我的孩子的大多数朋友都是华裔。	1	2	3	4	5
15	我是社会团体的成员，如教会或俱乐部，这些团体大多包括华裔成员。	1	2	3	4	5
16	我倾向于将我的孩子完全与中国的社会团体混合。	1	2	3	4	5
17	我认为我的孩子有必要学习中文。	1	2	3	4	5
18	我认为我的孩子有必要学习中文，以便与中国家庭交往。	1	2	3	4	5
19	我家的财富在华人社区是众所周知的。	1	2	3	4	5
20	我的孩子的中文能力得到了周围人的好评。	1	2	3	4	5
21	学习中文提高了我的孩子在华人社区的地位。	1	2	3	4	5
22	我的孩子周围的人很重视中国的传统。	1	2	3	4	5
23	人们认为我的孩子在他/她的中国同龄人中非常受欢迎。	1	2	3	4	5

C.孩子的人口学信息（孩子 X）。

性别	□男性 □女性 □其他（请注明）。
年龄	
您孩子的出生地	□中国 □美国 □其他（请注明）。
您孩子的学校年级	□幼儿园 □1年级 □2年级 □3年级 □4年级 □5年级 □6年级 □7年级 □8年级 □9年级 □10年级 □11年级 □12年级 □其他（请注明）。
你孩子到达美国的年龄。	
您的孩子在中文学校上学吗？	□是 □否
多年的正式中文学习（在学校、社区学校或孔子学院）。	
你的孩子在家里说什么语言？	□仅限中文普通话 □仅限英语 □英语和中国普通话都有（大约一半一半）。 □其他语言或其他语言与英语和汉语的混合语言

D.家长对孩子 X 的语言能力的评估

24	当我的家人用中文与他/她交谈时，我的孩子可以很容易地理解他们的意思。	1	2	3	4	5
25	当我的朋友用中文和他/她交谈时，我的孩子可以很容易地理解他们。	1	2	3	4	5
26	我的孩子可以很容易地理解媒体中的中文,如电视节目、视频和电影。	1	2	3	4	5
27	我的孩子能够用非常好的中文与我的家人进行口头交流。	1	2	3	4	5
28	我的孩子能够用非常好的中文口头表达他/她的个人喜好和意见。	1	2	3	4	5
29	我的孩子可以轻松地阅读他们的中文课本。	1	2	3	4	5
30	我的孩子能够轻松地阅读中国的流行故事(如中国的寓言和民间故事)。	1	2	3	4	5
31	我的孩子能够轻松地阅读中国的通俗小说（如《西游记》）。	1	2	3	4	5
32	我的孩子总是能够正确地书写汉字和中文词语。	1	2	3	4	5
33	我的孩子能够用非常清晰的中文表达他/她的个人喜好和意见。	1	3	3	4	5

请注意。

1.如果你只有一个孩子，请跳过下面关于孩子 2/3 等的问题。

2.如果你有一个以上的孩子，请继续回答孩子 2/3 等的下列问题。

如果您同意参加后续访谈，请留下您的电子邮件地址或电话号码，以便进一步联系。您将被要求进行访谈，了解您对孩子的 CHL 发展投资的预期回报，访谈将持续 30 分钟左右。访谈将通过微信进行并被录音。

电子邮件地址：

电话号码：

附录 D （APPENDIX D）

CHINESE IMMIGRANT PARENTS' CAPITAL AND THEIR CHILDREN'S
CHL DEVELOPMENT SURVEY （ENGLISH VERSION）

A. Parent's Demographic Information:

Gender	☐Male ☐Female ☐Other （please specify）:
Age	
Your highest education level	☐Less than high school ☐high school degree ☐Trade/technical/vocational training ☐Some college, no degree ☐Bachelor's degree ☐Master's degree ☐Doctorate degree
Your annual income	☐less than $20,000 ☐$20,000-$34,999 ☐ $35,000-$49,999 ☐$50,000-$74,999 ☐$75,000-$99,999 ☐ over $100,000
Years living in the U.S.	
What language do you speak at home?	☐Chinese Mandarin dominant ☐English dominant ☐ both English and Chinese Mandarin （around half and half） ☐ Other languages or other languages mixed with English and Chinese
Money you spent on your children's Chinese learning in a year	☐0-$999 ☐$1000-$1999 ☐ $2000-$2999 ☐$3000-$3999 ☐$4000-$4999 ☐ over $5000
How many times have you taken your child to China?	☐more than 4 times a year ☐4 times a year ☐3 times a year ☐twice a year ☐once a year ☐never

B. Capital Survey

Directions: Please answer to what extent do you agree with the following statements?

Key: 1 = Strongly Disagree （SD）; 2 = Disagree （D）; 3 = Neutral （N）; 4 = Agree （A）; 5 = Strongly Agree （SA）+

No.	Statement	SD	D	N	A	SA
1	Money is not an issue if I wish to travel to China with my child/children.	1	2	3	4	5
2	I can afford my child/children's study in Chinese language schools as many hours as I wish.	1	2	3	4	5
3	I can afford to employ private tutors to teach my child/children Chinese if I wish.	1	2	3	4	5
4	Money is never an issue if I want to buy Chinese language learning materials, such as textbooks, dictionaries, and tapes for my child/children.	1	2	3	4	5
5	Learning Chinese is very important to my child/children.	1	2	3	4	5
6	I feel very sad if my child/children miss celebrating Chinese festivals （Spring Festival, Mid-Autumn, etc.）.	1	2	3	4	5
7	I always keep up to date with current Chinese affairs with my child/children by watching TV.	1	2	3	4	5
8	I always keep up to date with current Chinese affairs with my child/children by listening to the radio.	1	2	3	4	5
9	I always keep up to date with current Chinese affairs with my child/children by surfing online.	1	2	3	4	5

Continued

No.	Statement	SD	D	N	A	SA
10	I always go to venues, such as libraries, galleries, museums, theatres, or concerts, if they feature Chinese culture with my child/children.	1	2	3	4	5
11	I read a lot of books about China to my child.	1	2	3	4	5
12	I have invested a lot of time in practicing Chinese cultural activities, such as learning musical instruments, calligraphy, or painting with my child/children.	1	2	3	4	5
13	Most of my friends are of Chinese descent.	1	2	3	4	5
14	Most of my child/children's friends are of Chinese descent.	1	2	3	4	5
15	I am a member of social groups, such as a church or club, which mostly include members of Chinese descent.	1	2	3	4	5
16	I tend to mix my child/children exclusively with Chinese social groups.	1	2	3	4	5
17	I think it is necessary for my child/children to learn Chinese language.	1	2	3	4	5
18	I think it is necessary for my child/children to learn Chinese language in order to socialize with the Chinese families.	1	2	3	4	5
19	The wealth of my family is well-known in Chinese communities.	1	2	3	4	5
20	My child/children's Chinese language competency is well regarded by people around him/her.	1	2	3	4	5
21	Learning Chinese has increased my child/children's status in Chinese communities.	1	2	3	4	5

Continued

No.	Statement	SD	D	N	A	SA
22	People around my child/children value the Chinese heritage.	1	2	3	4	5
23	People consider my child/children very popular among his/her/their Chinese peers.	1	2	3	4	5

C. The child's Demographic Information （Child X）:

Gender	□Male □Female □Other （please specify）:
Age	
Birth place of your child	□China □U.S. □Other （please specify）:
School grade of your child	□Kindergarten □1st grade □2nd grade □3rd grade □4th grade □5th grade □6th grade □7th grade □8th grade □9th grade □10th grade □11 grade □12 grade □Other （specify）:
Your child's age arrived in U.S.	
Does your child attend Chinese language schools?	□Yes □No
Years of formal Chinese learning （in schools, community schools, or Confucius Institute）	
What language do your child speak at home?	□Chinese Mandarin only □English only □ Both English and Chinese Mandarin （around half and half） □Other languages or other languages mixed with English and Chinese

133

D. Parent' Assessment of Child X's Language Proficiency

24	My child can easily understand my family members when they talk to him/her in Chinese.	1	2	3	4	5
25	My child can easily understand my friends when they talk to him/her in Chinese.	1	2	3	4	5
26	My child can easily understand Chinese language in the media, such as TV shows, videos, and movies.	1	2	3	4	5
27	My child can orally communicate with my family members in very good Chinese.	1	2	3	4	5
28	My child/children can orally express his/her personal preferences and opinions in very good Chinese.	1	2	3	4	5
29	My child can read their Chinese textbooks easily.	1	2	3	4	5
30	My child can read Chinese popular stories （such as Chinese fables and folktales） easily.	1	2	3	4	5
31	My child can read Chinese popular fiction stories （such as *Journey to the* West 西游记） easily.	1	2	3	4	5
32	My child can always write Chinese characters and Chinese words correctly.	1	2	3	4	5
33	My child/children can express his/her personal preferences and opinions in very clearly written Chinese.	1	3	3	4	5

Note:

1. If you have only one child, please skip following questions for child 2/3 etc.

2. If you have more than one child, please continue to answer the following questions for child 2/3 etc.

If you agree to participate in the follow-up interview, please leave your email address or your phone number for further contact. You will be asked to have an interview on your expected returns from your investment in your child's CHL development, which will last around 30 minutes. The interview will be audio-recorded and administered via WeChat.

Email address:

Phone number:

附录 E （APPENDIX E）

访谈问题

1.您能说一下孩子的年龄，性别，年级吗？在家里使用什么语言？

您能告诉我您的孩子接受过任何正规的汉语学习吗，例如学校，社区学校和孔子学院等？每个要花多长时间？您要您的孩子继续吗？为什么或者为什么不？

2.他跟父母用什么语言？跟长辈用什么语言？

您能告诉我您的孩子收到的任何非正式汉语学习信息吗，例如与家人，朋友，独立学习等？每个要花多长时间？您要您的孩子继续吗？为什么或者为什么不？

3.孩子的汉语水平现在怎么样？听说读写？您现在还在努力提高孩子的中文水平吗？为什么或者为什么不？

4.您能告诉我一些您有意与孩子练习中文的经历或故事吗？

5.您在家中是否有给孩子的中文阅读，视听材料？您大概每年投资多少钱用来学汉语？您如何为您的孩子获得这些材料？您的孩子如何使用这些材料学习汉语？

6.您的孩子与父母，大家庭成员或朋友说话时会使用不同的语言吗？您能否解释这些语言选择背后的原因？

7.您认为中文在与家庭成员的交流，社交生活，中国文化知识，学分，资格，奖项，荣誉等方面使他们受益吗？如何以及为什么？

8.您认为将来中文会给他们带来好处吗？如何以及为什么？

9.家人，朋友和您的同事对您孩子的中文使用能力有何看法？他们支持您孩子的中文学习吗？如何以及为什么？

10.您是否有带孩子参加中国社区活动的经验？为什么或为什么不带孩子参加这些活动？

11.您会鼓励他们学习英语以外的另一种语言吗？它是什么？为什么（或为什么不）鼓励您的孩子学习汉语？

12.如果您带孩子来中国，您的孩子出于什么目的访问中国？您可以分享他们在中国的一些文化经历吗？中国旅行是否帮助他们提高了汉语水平？

13.您想对孩子的中文使用和学习以及您对中文的态度发表更多评论吗？

附录 F （APPENDIX F）

INTERVIEW QUESTIONS

1. Can you tell me about any formal Chinese language study your child has received, e.g. schools, community schools, and Confucius Institutes, etc. How long on each?

2. Can you tell me about any informal Chinese learning your child has received, e.g. with family members, friends, independent study etc. How long on each?

3. Are you still trying to improve your child's Chinese now? Why or why not?

4. Can you tell me some of your experiences or stories of how you practice Chinese with your children intentionally?

5. Do you have any Chinese reading, visual and audio materials for your child at home? How do you get these materials for your child? How do your child use these materials to learn Chinese?

6. I am interested in which language your child use with whom, when and where. Can you tell me about their language choices? When speaking to their immediate family members / extended family members? When speaking to their （different） friends? At school? When accessing to media, e.g. internet, radio, TV, movies, music, newspaper, books, magazines, etc.? Could you explain reasons behind these language choices?

7. Do you think Chinese language benefit them in terms of communications with family members, social life, Chinese cultural knowledge, credits, qualifications, awards, honors, etc.?

8. Do you think Chinese language will benefit them in the future? How and why?

9. What do family members, friends, and your colleagues think about your children's ability to use Chinese? Do they support your children's Chinese learning?

How and why?

10. Do you have any experience of bringing your child/children to participate in Chinese community activities? Why or why not do you bring your child/children to these activities?

11. Would you encourage them to learn another language other than English? What is it? Why （or why not） would you encourage your children to learn Chinese?

12. If you brought your children to China, for what purposes did your children visit China? Can you share some of their cultural experiences in China? Did China trips help them to improve their Chinese?

13. Do you want to make any more comments about your child's Chinese language usage and learning, as well as your attitudes towards Chinese language?

附录 G （APPENDIX G）

CONTENT VALIDITY INDEX （CVI）

Rating relevancy for each question: （1）not relevant （2）revision needed （3）relevant but revision needed （4） relevant

Number of experts: 5, i.e., Associate professor Zhao and Associate Professor Li, Dr. Zhang, Dr. Liu, and Dr. Zhang.

I-CVI: Item-CVI. Number of experts rating （5）and （4）divides by total number of experts

S-CVI/Average: Scale-level CVI. Average all I-CVI value to obtain a final S-CVI value of the questionnaire.

S-CVI/Universal Agreement: the number of questions obtain universal agreement （i.e., I-CVI is 1） divides by all questions.

Content Validity Index Results

Table G1

Content Validity Index Results

Question	Relevant Rating （3 or 4）	Not Relevant Rating 1 or 2	I-CVIs	Interpretation
1	5	0	1	Appropriate
2	5	0	1	Appropriate
3	5	0	1	Appropriate
4	5	0	1	Appropriate
5	5	0	1	Appropriate
6	5	0	1	Appropriate
7	5	0	1	Appropriate
8	5	0	1	Appropriate
9	5	0	1	Appropriate
10	5	0	1	Appropriate

Table G1 Continued

Question	Relevant Rating （3 or 4）	Not Relevant Rating 1 or 2	I-CVIs	Interpretation
11	5	0	1	Appropriate
12	5	0	1	Appropriate
13	5	0	1	Appropriate
14	5	0	1	Appropriate
15	5	0	1	Appropriate
16	5	0	1	Appropriate
17	5	0	1	Appropriate
18	5	0	1	Appropriate
19	5	0	1	Appropriate
20	5	0	1	Appropriate
21	5	0	1	Appropriate
22	5	0	1	Appropriate
23	5	0	1	Appropriate
24	5	0	1	Appropriate
25	5	0	1	Appropriate
26	5	0	1	Appropriate
27	5	0	1	Appropriate
28	5	0	1	Appropriate
29	5	0	1	Appropriate
30	5	0	1	Appropriate
31	5	0	1	Appropriate
32	5	0	1	Appropriate
33	5	0	1	Appropriate

附录 H （APPENDIX H）

MEAN AND STANDARD OF CAPITAL OF CHINESE IMMIGRANT PARENTS

Table H1

Mean and Standard Deviation of Economic Capital

Variable	n	M	SD
Economic capital	123	13.40	.27
Q1: Money is not an issue if I wish to travel to China with my child/children.	122	3.11	1.05
Q2: I can afford my child/children's study in Chinese language schools as many hours as I wish.	122	3.24	1.00
Q3: I can afford to employ private tutors to teach my child/children Chinese if I wish.	122	3.24	1.00
Q4: Money is never an issue if I want to buy Chinese language learning materials, such as textbooks, dictionaries, and tapes for my child/children.	122	3.81	.96

Table H2

Mean and Standard Deviation of Cultural Capital

Variable	n	M	SD
Cultural capital			
Q5: Learning Chinese is very important to my child/children.	122	4.12	1.00
Q6: I feel very sad if my child/children miss celebrating Chinese festivals （Spring Festival, Mid-Autumn, etc.）.	122	3.41	.92
Q7: I always keep up to date with current Chinese affairs with my child/children by watching TV.	122	2.98	.96

Continued

Variable	*n*	*M*	*SD*
Q8: I always keep up to date with current Chinese affairs with my child/children by listening to the radio.	122	2.76	1.01
Q9: I always keep up to date with current Chinese affairs with my child/children by surfing online.	122	2.99	.97
Q10: I always go to venues, such as libraries, galleries, museums, theatres, or concerts, if they feature Chinese culture with my child/children.	122	3.24	.91
Q11: I read a lot of books about China to my child.	122	3.19	1.01
Q12: I have invested a lot of time in practicing Chinese cultural activities, such as learning musical instruments, calligraphy, or painting with my child/children.	122	2.83	.95

Table H3

Mean and Standard Deviation of Social Capital

Variable	*n*	*M*	*SD*
Social capital	123	21.33	.26
Q13: Most of my friends are of Chinese descent.	122	4.03	.75
Q14: Most of my child/children's friends are of Chinese descent.	122	3.34	.96
Q15: I am a member of social groups, such as a church or club, which mostly include members of Chinese descent.	122	3.01	1.09
Q16: I tend to mix my child/children exclusively with Chinese social groups.	122	2.86	.96
Q17: I think it is necessary for my child/children to learn Chinese language.	122	4.24	.81
Q18: I think it is necessary for my child/children to learn Chinese language in order to socialize with the Chinese families.	122	3.85	.94

Table H4

Mean and Standard Deviation of Symbolic Capital

Variable	*n*	*M*	*SD*
Symbolic capital	123	15.89	.30
Q19: The wealth of my family is well-known in Chinese communities.	122	2.76	1.07
Q20: My child/children's Chinese language competency is well regarded by people around him/her.	122	3.35	.96
Q21: Learning Chinese has increased my child/children's status in Chinese communities.	122	3.10	1.01
Q22: People around my child/children value the Chinese heritage.	122	3.48	.83
Q23: People consider my child/children very popular among his/her/their Chinese peers.	122	3.20	.80

Table H5

Mean and Standard Deviation of the CHL Development of Children （*N = 175*）

Variable	*n*	*M*	*SD*
Listening			
Q1: My child can easily understand my family members when they talk to him/her in Chinese.	175	3.75	1.03
Q2: My child can easily understand my friends when they talk to him/her in Chinese.	174	3.67	1.02
Q3: My child can easily understand Chinese language in the media, such as TV shows, videos, and movies.	175	3.29	1.08
Speaking			
Q4: My child can orally communicate with my family members in very good Chinese.	175	3.43	1.08

Continued

Variable	*n*	*M*	*SD*
Q5: My child/children can orally express his/her personal preferences and opinions in very good Chinese.	175	3.29	1.08
Reading			
Q6: My child can read their Chinese textbooks easily.	175	2.68	1.13
Q7: My child can read Chinese popular stories （such as Chinese fables and folktales） easily.	175	2.46	1.08
Q8: My child can read Chinese popular fiction stories （such as *Journey to the West*，西游记） easily.	175	2.30	1.08
Writing			
Q9: My child can always write Chinese characters and Chinese words correctly.	175	2.51	1.04
Q10: My child/children can express his/her personal preferences and opinions in very clearly written Chinese.	175	2.43	1.08
Chinese Listening & Speaking	174	17.40	4.52
Chinese Reading & Writing	175	12.40	4.81
Chinese Development	174	29.7	8.02

附录 I （APPENDIX I）

PERCENTAGE OF FOUR FORMS OF CAPITAL OF CHINESE IMMIGRANT PARENTS

Table I1

Economic Capital of Chinese Immigrant Parents （*Section B*） （*N=123*）

Question	SD		D		N		A		SA	
	n	%	n	%	n	%	n	%	n	%
Economic capital										
Q1: Money is not an issue if I wish to travel to China with my child/children.	10	8.1	23	18.7	42	34.1	40	32.5	8	6.5
Q2: I can afford my child/children's study in Chinese language schools as many hours as I wish.	5	4.1	26	21.1	35	28.5	48	39.0	9	7.3
Q3: I can afford to employ private tutors to teach my child/children Chinese if I wish.	8	6.5	19	15.4	39	31.7	50	40.7	7	5.7
Q4: Money is never an issue if I want to buy Chinese language learning materials, such as textbooks, dictionaries, and tapes for my child/children.	5	4.1	10	8.1	10	8.1	76	61.8	22	17.9

Note. Strongly Disagree = SD; Disagree = D; Neutral = N; Agree = A; Strongly Agree = SA

Table I2

Cultural Capital of Chinese Immigrant Parents （Section B） （N=123）

Question	SD n	SD %	D n	D %	N n	N %	A n	A %	SA n	SA %
Cultural capital										
Q5: Learning Chinese is very important to my child/children.	6	4.9	2	1.6	11	8.9	56	45.5	48	39.0
Q6: I feel very sad if my child/children miss celebrating Chinese festivals （Spring Festival, Mid-Autumn, etc.）.	4	3.3	13	10.6	47	38.2	47	38.2	12	9.8
Q7: I always keep up to date with current Chinese affairs with my child/children by watching TV.	5	4.1	37	30.1	41	33.3	35	28.5	5	4.1
Q8: I always keep up to date with current Chinese affairs with my child/children by listening to the radio.	13	10.6	38	30.9	42	34.1	26	21.1	4	3.3
Q9: I always keep up to date with current Chinese affairs with my child/children by surfing online.	7	5.7	34	27.6	38	30.9	41	33.3	3	2.4

Continued

Question	SD		D		N		A		SA	
	n	%	n	%	n	%	n	%	n	%
Q10: I always go to venues, such as libraries, galleries, museums, theatres, or concerts, if they feature Chinese culture with my child/children.	6	4.9	15	12.2	51	41.5	45	36.6	6	4.9
Q11: I read a lot of books about China to my child.	8	6.5	21	17.1	42	34.1	44	35.8	8	6.5
Q12: I have invested a lot of time in practicing Chinese cultural activities, such as learning musical instruments, calligraphy, or painting with my child/children.	8	6.5	40	32.5	43	35.0	29	23.6	3	2.4

Note. Strongly Disagree = SD; Disagree = D; Neutral = N; Agree = A; Strongly Agree = SA

Table I3

Social Capital of Chinese Immigrant Parents （*Section B*） （*N=123*）

Question	SD		D		N		A		SA	
	n	%	n	%	n	%	n	%	n	%
Social capital										
Q13: Most of my friends are of Chinese descent.	2	1.6	4	3.3	8	6.5	83	67.5	26	21.1
Q14: Most of my child/children's friends are of Chinese descent.	5	4.1	20	16.3	33	26.8	58	47.2	7	5.7
Q15: I am a member of social groups, such as a church or club, which mostly include members of Chinese descent.	9	7.3	38	30.9	26	21.1	43	35.0	7	5.7
Q16: I tend to mix my child/children exclusively with Chinese social groups.	11	8.9	30	24.4	50	40.7	29	23.6	3	2.4
Q17: I think it is necessary for my child/children to learn Chinese language.	2	1.6	3	2.4	8	6.5	61	49.6	49	39.8
Q18: I think it is necessary for my child/children to learn Chinese language in order to socialize with the Chinese families.	2	1.6	9	7.3	26	21.1	55	44.7	31	25.2

Note. Strongly Disagree = SD; Disagree = D; Neutral = N; Agree = A; Strongly Agree = SA

Table I4

Symbolic Capital of Chinese Immigrant Parents *(Section B)* *(N=123)*

Question	SD		D		N		A		SA	
	n	%	n	%	n	%	n	%	n	%
Symbolic capital										
Q19: The wealth of my family is well-known in Chinese communities.	15	12.2	37	30.1	40	32.5	25	20.3	6	4.9
Q20: My child/children's Chinese language competency is well regarded by people around him/her.	3	2.4	22	17.9	38	30.9	49	39.8	11	8.9
Q21: Learning Chinese has increased my child/children's status in Chinese communities.	7	5.7	28	22.8	42	34.1	38	30.9	8	6.5
Q22: People around my child/children value the Chinese heritage.	2	1.6	13	10.6	40	32.5	60	48.8	8	6.5
Q23: People consider my child/children very popular among his/her/their Chinese peers.	5	4.1	11	8.9	64	52.0	40	32.5	3	2.4

Note. Strongly Disagree = SD; Disagree = D; Neutral = N; Agree = A; Strongly Agree = SA

附录 J （APPENDIX J）

THE CHINESE HERITAGE LANGUAGE DEVELOPMENT OF CHILDREN

Table J1

The Chinese Heritage Language Development of Children （Section D）

Question	n	SD		D		N		A		SA	
		n	%	n	%	n	%	n	%	n	%
Q1: My child can easily understand my family members when they talk to him/her in Chinese.	175	7	4.0	16	9.1	30	17.1	83	47.4	39	22.3
Q2: My child can easily understand my friends when they talk to him/her in Chinese.	174	4	2.3	26	14.9	26	14.9	85	48.6	33	18.9
Q3: My child can easily understand Chinese language in the media, such as TV shows, videos, and movies.	175	7	4.0	41	23.4	43	24.6	62	35.4	22	12.6

Table J1 Continued

Question	n	SD		D		N		A		SA	
		n	%	n	%	n	%	n	%	n	%
Q4: My child can orally communicate with my family members in very good Chinese.	175	5	2.9	37	21.1	37	21.1	69	39.4	27	15.4
Q5: My child/children can orally express his/her personal preferences and opinions in very good Chinese.	175	6	3.4	44	25.1	44	23.4	62	35.4	22	12.6
Q6: My child can read their Chinese textbooks easily.	175	21	12.0	70	40.0	42	24.0	28	16.0	14	8.0
Q7: My child can read Chinese popular stories （such as Chinese fables and folktales） easily.	175	28	16.0	78	44.6	41	23.4	16	9.1	12	6.9

Table J1 Continued

Question	n	SD		D		N		A		SA	
		n	%	n	%	n	%	n	%	n	%
Q8: My child can read Chinese popular fiction stories （such as *Journey to the West* 西游记） easily.	175	36	20.6	86	49.1	27	15.4	16	9.1	10	5.7
Q9: My child can always write Chinese characters and Chinese words correctly.	175	26	14.9	74	42.3	42	24.0	26	14.9	7	4.0
Q10: My child/children can express his/her personal preferences and opinions in very clearly written Chinese.	175	32	18.3	75	42.9	35	20.0	26	14.9	7	4.0

Note. Strongly Disagree = SD; Disagree = D; Neutral = N; Agree = A; Strongly Agree = SA

附录 K （APPENDIX K）

NORMAL DISTRIBUTION CHECK

Figure K1

The Scatterplot of the Demographic Variables of Children

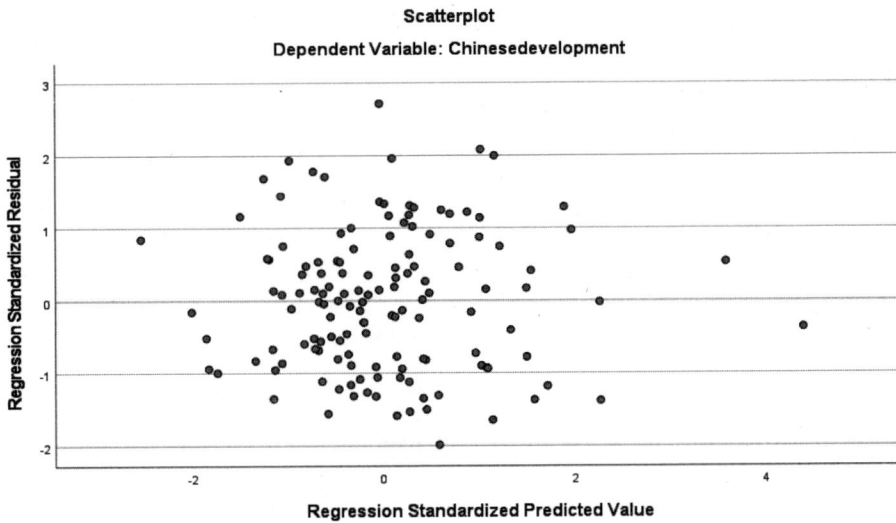

Scatterplot
Dependent Variable: Chinesedevelopment

Note. The dots in the scatter plots were scattered and it showed that the errors were normally distributed, and the variance of the residuals were constant.

Figure K2

The Scatterplot of the Demographic Variables of Parents

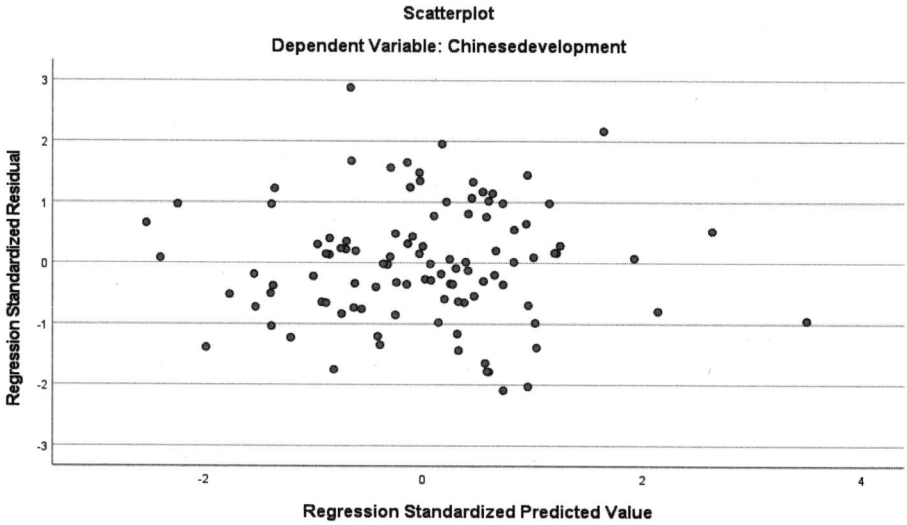

Note. The dots in the scatter plots were scattered and it showed that the errors were normally distributed, and the variance of the residuals were constant.

Figure K3

The Scatterplot of the Dependent Variable

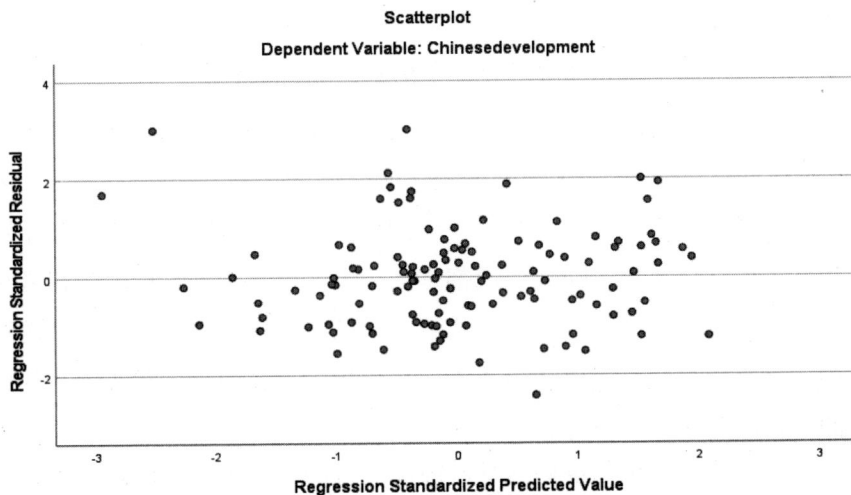

Note. The dots in the scatter plots were scattered and it showed that the errors were normally distributed, and the variance of the residuals were constant.

附录 L （APPENDIX L）

访谈记录
第一位被采访者

哥哥十岁，四年级，妹妹七岁，一年级。出生在美国。

我们对中文学习非常重视，甚至认为中文学习是必要的。我儿子很小的时候，家附近有一家中文学校，我们想送他去学习中文，但当时孩子才两岁，实在是太小了，这个计划就搁置了。等到孩子六、七岁时，我们才开始送他去学中文。中文课每周一次，一般都是周末上，但我觉得这样的学习效果并不太好，我认为学习中文最好的方式就是让孩子长期沉浸在一个中文的语言环境中，于是后来我就没再送孩子去中文学校学习过中文。我买了一些中文学习的教材，在家教孩子们中文。

我儿子前年和去年的暑假都是在国内度过的。父母年事已高，出行已不再便利，所以我们每年都会抽出几个月的时间回去看望父母，也顺便让儿子在国内学习中文，但今年因为疫情影响，跨国出行受到阻碍，所以并未回国，由于无法预测明年疫情的发展情况，因此也无法确定明年能不能回国。迄今为止，我带着儿子回国两次，女儿因为年纪还小，所以并没有带回去过，儿子在国内学习过几个月中文，而女儿的中文则全是在家学的。

我们买了国内的小学语文教材，想让孩子们跟着国内学校一起学习，但因为在家里，孩子们的注意力有限，所以学得断断续续的。深究其原因，主要是因为学习本身是一件较为枯燥的事情，孩子们年纪小，定力不足，如果他们非常积极主动的学习中文的话，我也会尽可能的多抽时间来教，但每当我说孩子们来学习吧，他们都不愿意。其实也可以理解，没有老师只有家长的学习，孩子们的积极性不会太高，因为他们并不害怕父母。

我认为坚持中文学习是非常有必要的。我们与专业的中文教师不同，教授中文是他们的工作内容，只要我们给了钱，他们就会持续、有规律的教授中文，而从今年三月份至今，我们只有闲暇的时候会将中文书拿出来学一下，只要一忙就会忘记学习，但总体来说，学肯定还是会学的。

我们家日常对话都是用的中文，英文用的很少，只有那些很难翻译成中文的词语，我们会中英文夹杂着说。中文虽然不好学，但我们家的优势在于，大人们都会说中文，只要平时多用中文进行日常交流，孩子们耳濡目染，也能渐渐学会说中文。例如，跟家里长辈说话和视频的时候用中文，回国的时候说中文。

我们家的孩子并不抵触说中文，而且可以用中文完成绝大多数交流，这些都与我们从小为他们养成的习惯有关，例如我儿子刚上小学的时候，从学校出来会时不时冒出几句英文，我会耐心地等他说完，然后问他，你刚刚说的那句英文用中文怎么说啊？他就会乖乖地用中文再说一次。有的小朋友可能会对这样的做法较为反感，但我儿子没有，这可能与自他很小的时候我就这么训练他有关。

自打他上幼儿园后，我就会这样训练他的中文。对此他并不反感，他会先将中文在脑子里组织一遍，然后再说出来。有时候他说的中文会出现语序之类的错误，但这没关系，我会鼓励他再说一遍，然后我说一遍正确，他再复述一遍，相当于一句话说了三遍，英文一遍，语序不太通顺的中文一遍，正确的中文一遍。我儿子对这样的中文训练并不反感，但如果我不是从小就这么训练他，而是在他长大后的某一天突然要求他这么做，他可能就会产生反感和抵触的心理。这样的训练对我来说也没有什么负担，在没有什么事的时候与孩子这样交流，还有利于增进彼此的感情。

从 2015 年开始，我们每年都回家，我老公喜欢从家里带吃的回来，但我喜欢带书，每次回国我都会带几箱书去美国。我的孩子在国内有一些表哥表姐，只要是他们看过的书我都会挑一些带回来，所以寄来有很多中文的学习材料。孩子们对这些中文学习材料表现的兴趣平平，只有你逼着他们看，他们才会勉强读一些。在我们家的这些书里，喜羊羊与灰太狼这些插画较多的图书他们翻看的次数就会多一些，而那些全中文、无插画的书他们基本都不爱看。他们还喜欢看动画片，例如喜羊羊、熊出没等。

在我心中，学中文比钢琴、运动、画画等兴趣爱好还要重要，为什么重要呢？中文作为我们孩子的第二语言，其实跟母语差不多。在中国的孩子，语文最重要，在美国的孩子，英文最重要，而对于我们的孩子来说，中文、英文都一样重要。英文确实应该学好，但学好英文也并不意味着要舍弃中文，中英文之间不存在取舍，也不会阻碍互相。如果他们只会说英文的话，回国就会出现语言不通的问题，所以，我认为我们家的孩子中英文都应该学好。

我们家孩子跟朋友在一起玩的时候会说英文，比如前几天我儿子跟朋友一起打游戏，两个人噼里啪啦的说英文，但如果是跟对方家长，他就会说中文，因为他知道对方家长是说中文的。

我们家孩子的中文听、说水平没有问题，但读、写就有些困难了。我儿子现在是四年级，但学习的中文教材是三年级的，上次他回国，跟着低一级的中国小朋友学习中文，在读课文的时候，一篇课文下来，他能有十几到二十几个字不认识，有些字就算是见过、学过，也会忘记，毕竟在美国中文用得还是少。他不喜欢看中文书，喜欢看英文书，特别是英文故事书，我跟他说，中文也有故事书，但他还是不喜欢看，因为看中文故事书他会经常遇到不认识的字，读起来比较困难。他也认识不少中文，你让他看漫画书可以，但让他看三年级的课文，他还是有很多不认识的字。

我女儿的中文目前就学到一年级，一年级里一些简单的字她能认识，再难一点就不行了。我没有送她去过中文学校学习，她的中文都是我教的，以前教过一些小卡片，她也认识一些简单的字。

我女儿以前不愿意学习中文，我就对她晓之以情、动之以理：首先，中国文化博大精深、源远流长，如果你学会了中文，就相当于多了一个了解更多东西的工具，如果你想看中文书，但却不会中文，就得等别人给你翻译过来，但语言经过翻译后总会出现某种程度的意义扭曲，这样故事就会失去原有的味道。其次，你学会中文后，如果有人给你讲有趣的中文故事，美国人听不懂，但你能听懂，会不会很自豪很高兴。再者，世事无常，未来的变化谁也不好说，但看美国现在的情况，我们说不定是要搬回国内的，毕竟是华裔嘛，回国肯定还是能有一定立足之地的。最后，如果你不会中文，回国人家看你中国面孔，却不会说中文，人家是会鄙视你的。不知道你有没有听过一个新闻，似乎是两三年前，有好几个华裔和一个外国人组成了一个乐队，回中国演出赚钱，刚开始国人对他们的观感还是很不错的，但过来一段时间，大家发现，这几个华裔都不会中文，长着中国面孔，赚中国人的钱，却连中文都不会说，于是就被大家鄙视了。如果你将来要去中国发展，不管是干什么行业，必须要会中文才行，只有会中文才能更好的拉近与当地人的关系，了解他们内心最真实的想法。这跟我们融入美国社会是一样的嘛。

虽然钢琴、画画那些兴趣爱好也很重要，但对于华裔来说，中文就应该像一种本能一样，兴趣爱好可以业余时间学，学不学、学得好不好这些都不重要，但中文一定要学好。

您在调查问卷中涉及到了学习中文的金钱成本问题，但我认为，中文学的好不好，与金钱成本关系不大。有的家长花费大量金钱送孩子去专业的学习机构学习中文，但在家却很少跟他们用中文交流，这样的教育方式其实并不会比我们不花钱的学的还好。当然，跟效率也有关系，如果用钱学效率能高的话，我也愿意花钱给孩子学习中文，但我认为，效率与花不花钱并不相干，所以能省一点为什么不省呢，而且我们作为华裔，有天然的中文学习优势。

在我们认识的华裔家庭当中，我们家孩子的中文是说得最好的，其他几个小朋友，支支吾吾，说不出完整的中文来。比如，我家儿子跟别的家长说话，没问题，但是如果我问另一家的小朋友问题，他反应就很迟钝，很久才能回答出来，甚至有的小朋友根本就不会说中文。我有个朋友，两口子都是上海人，他儿子能听懂上海话，但听不懂普通话，所以小朋友用中文交流就会磕磕巴巴的，很别扭。

我每年都会送我的孩子们回国，他们回去的时候，国内的小学离放假基本就剩一个月了，这学期的课程那些小朋友们也都学的差不多了，虽然我孩子在美国也学习中文，但是不像国内那样有规律，一回去，他们就跟不上了，学习压力很大，尤其是前面一两个星期，到第三到四个星期就会好很多。他们每年回去一个月，就上当地的学校，这个学习效果特别好，虽然前面两个星期很累，但是，第三四个星期，就愉快起来了。今年因为疫情影响回不去，真的感觉特别可惜。

一回国，我爸就说，你看孩子的中文学习跟不上吧，你回美国以后，要天天学习，否则明年回来，又开始要哭了。我爸很支持我让孩子们学习中文，每次跟他视频他都会说，中文别掉了，别不行了。我们家也都挺支持的，我姐妹，都帮我孩子买中文学习的资料，旧书什么的，也都给我留着。大家的想法都差不多，中文对我们来说就是最重要的。

美国有关中国的活动很少，我孩子他们学校只组织过一次国际节，我们中国人制作了一个展台参加了一下，别的基本上没有。专门针对中国人的活动不多，如果我记得没错，刚上幼儿园的时候，孩子班里有三个小朋友是中国人，最开始这几个小朋友互相交流是说中文的，但老师让他们在班里不要说中文，他说别的小朋友听不懂，老师的意思就是，你们几个组成一个 group 叽叽咕咕地说话，好像在说什么秘密一样，别得小朋友听不懂，可能会妨碍班级的团结性，所以老师跟他们说，不要说中文，要说英文。我们第一次去上 Kinder 的时候，因为回国，所以去晚了几天。三天后，老师就告诉我，我们班里还有一个中国孩子，每周也去上中文学校。老师对于小朋友学中文不反对，持中立态度。孩子在 GT 班，如果遇到关于中国的话题，老师就会让中国孩子来介绍。我女儿在幼儿园的时候，有个老师在学习中文，还特意把我女儿叫去跟他交流中文。

我们一旦有机会就会带孩子们参加一些文化活动，比如，春节。跟我们家孩子玩在一起的都是中国小孩，实不相瞒，像我们这样的华裔认识的朋友，孩子的好朋友基本都是中国人。在学校里，孩子们跟老外也可以一起玩，但回家的话，还是中国人和中国人玩在一起的比较多。反正我不能理解那些只让孩子跟外国人一起玩的华裔家长。我们带孩子回国，基本就是送他们去学校。因为我们没有那么多的假期，所以一般都是我把孩子带回去，他们在那里待两到三个星期学中文，我老公再过去，带他们去爷爷奶奶家玩。因为我老公回去的时候，国内的学校就已经放假了，所以我老公就带他们去旅行。

我们家孩子还行，回国不排斥，但会排斥上学。孩子的自尊心很强，他在美国这边的学校学习还行，在班里算厉害的，对付学习问题不大，所以很喜欢去学校。但在中国，一去学校，什么都不会，做数学，数学应用题读不懂，很沮丧。但如果只是回国玩，那他会欢天喜地的。

第二位被采访者

两个孩子，一个是七年级，男孩，一个是四年级，女孩。

中文是我们的优势，就像西班牙语是西班牙裔的优势。我们在当地找了一个中文老师，小班上课，没有去专业的中文学校。授课频率一周一次，男孩是一次两个半小时，女孩是一次一个半小时。我认为中文学习特别重要，这是传统，不能丢掉的。我们计划着等孩子长大以后，如果没有专业的中文学校读，就请老师来进行一对一教学。一对一会能更好地掌控孩子的学习节奏，有利于弱项辅导。有一些大的中文班，一个班20个学生，教师有限的精力决定了无法兼顾到所有学生，所以相比起来，还是一对一教学的效果更好。

孩子说话总是中英文夹杂，是因为他们在学校里学的是英语，回到家，转换语言比较困难。这种情况到了三四年级的时候，会更加明显。比如我女儿在表达的时候，会因为不知道那个英文单词对应的中文是什么而中英文夹杂，当然，我们会及时告诉她对应的中文。我儿子的中文就没有问题，他学了很多年了，基本的都能表达出来，除了像物理化学，这些新学的东西不会，其他的没问题。

我会刻意在家里讲中文，小的会抵触，大的了解这个语言的重要性，不会抵触。因为小的中文水平不是那么好，她有时候会因为水平不行而无法表达自己的想法。我们觉得，中文是我们的母语，而且我们也经常跟孩子讲，他们是中国人，但是，孩子有时候会说，他们是美国人，这时候我就会跟他们说，你首先得是中国人，然后才能是美国人。

目前中文在世界上还是挺重要的。以前，我们在欧洲待过，在荷兰住了四年半。因为当时我们还是讲普通话比较多，所以在我到荷兰的第二周，就有一些人来找我，比如周围的邻居。荷兰的中国人很少，也没有中文老师，所以，我就正经八百的收了几个学生，当然只是教中文对话。

在孩子的写作方面，我感触颇深。这些在国外长大并接受国外教育的孩子，是没有机会学古文、成语的，所以这些孩子在写作方面能力会比较薄弱。我家的小的，中文作文最糟糕的地方就是像在写流水账，基本上就是想到什么写什么，没有什么逻辑性，但是，她写英文作文就很好。我会经常跟小的交流沟通，因为这个现在这个时期对她来说实在是太重要了。她很喜欢中文，就是比较抵触写中文，觉得写特别难，太难了。她得把汉字放得很大，才能"画"出来。虽然我给她买了练字帖来练习汉字的笔画顺序，但效果并不是太好，简单的字可以，稍微复杂的字就不行。

老大喜欢读书，比如历史书。他的阅读水平和国内小学生的差不多。我从国内回来，会带一箱子的书，因为这里基本买不到，有的时候我也会订购一堆书，让出差的同事帮我带回来。前几年书籍的运输很糟糕，因为运费比较贵，家长买书也不是很方便，现在好多了，现在可以在京东这些网站上买。书通过海运过来，其实也挺贵的，运过来以后所需美元的数量快跟人民币持平了，特别是那种大的、成套的书，这种书就是美元的价格。买这种书对普通家庭来说，是一笔很大的开支。我很喜欢买书，特别是遇到我喜欢的书，再贵也会考虑。在我们小区，我们家有些书，如果我不需要了，就会捐到小区的图书馆里，图书馆会在整理后上架。经过这十几年，书架上面已经开始有中文书籍了，书的种类参差不齐，什么书都有，养生书、小说、杂志、知音读者等等。有需要的人可以去浏览一下，总比把书扔了好。

在孩子们四年级前，在家会学英文和中文。疫情期间，小的比较浮躁，讲英文的时候会多一些。我跟他爸讨论了一下，为什么会出现这种情况。后来才发现，因为有关病毒的信息都是英文的，她不知道用汉语怎么讲。我们说中文，她会用英语，然后我们就会让她用中文再重复一遍，但也不会很刻意。

我父母现在在美国，跟我们住在一起。孩子跟家里的老人交流有时也会中英文夹杂。姥姥如果听不懂，她就会先来跟我讲，学会了以后，再去跟姥姥讲。但有时候，如果她在玩游戏，姥姥找她有事，她就会感觉烦。她告诉我，有时候跟姥姥讲话，她害怕，因为有些东西她也不知道用中文怎么讲。我告诉她，如果你不知道这个东西用中文怎么讲，那你就用中文解释一下这是什么东西。当遇到不熟悉的人时，她就不说话，最多用中文打个招呼，但如果她对这个人感兴趣，就会讲点中文。

不过，她对小孩子非常有耐心。她的耐心表现在，跟小孩子讲话的时候，会用中英文尽可能让他明白自己的意思。她跟朋友在一起，无论是交流还是玩游戏用的都是中文。老大现在是七年级，几乎不讲中文了，只有家长在的话，才会讲一点中文。

老大比较知道语言是怎么表述得，小的就不太明白怎么表述。孩子们用英文交流，是因为对于他们来说英文比较容易，他们在学校里，一整天都在讲英文，比较融洽。等到感恩节或者圣诞节聚会的时候，你很容易发现，讲英文的就跟讲英文的站在一起，讲中文的就跟讲中文的站在一起。当然我也会讲英文，但是，跟朋友在一起的时候，你还是愿意讲中文，因为你讲笑话什么的，老外听不懂。

孩子们打小所处的语言环境就是英文，所以对他们来说说英文会比中文容易。你看，就跟吃饭一样，我们从小就吃中餐，所以我们觉得中餐很好吃，如果吃西餐，就需要一个适应时间。老外们也一样，他们从小吃就汉堡牛排。让他们换成豆浆油条，他们也需要适应一下才可以。我们做中餐的次数会比较多，一周也可能做几次西餐。中餐比较费时间，西餐相对比较简单，比如昨天，我们就打个果汁，煎几块牛排，非常快。中餐就要洗菜啊，什么的，耗得时间比较长。老大中餐西餐都可以，他打小知道自己喜欢吃什么。小的就比较喜欢吃西餐，因为每天在学校里都是吃西餐的。有一次，小的就跟我说，能不能做个正菜，我就问，什么是正菜？她说，就是烤肉，沙拉。我就说，我们吃的就是正菜啊。她说，这是中国菜。我说，但这就是我们的正菜。

两个孩子相差三个年级，所以对中文的接受度不太一样。我觉得小的很喜欢中文，但因为水平不好所以有点害怕学习中文，她特别怕老师留作业，做试卷。她觉得中文很有意思，很喜欢中文故事。但是她水平差，只要让她写，她就会害怕，但如果继续学下去，慢慢的，她就会建立起一些信心。现在在美国，她学习了一些新的课程，虽然她不知道这些课程对应的中文是什么。她会跟我们讲中文，但是都是很简单的日常对话，因为她岁数小。我要求她要阅读中文，整本中文书拿过来，她就开始感受到压力了。学中文的时候，她觉得中文很美，外国人的古诗词很少，我们经常用中文跟她说，这个词可以用这个描述，那个词可以这么描述，比如，云，可以用漂浮着啊，如此她就感受到了中文的美。说实在的，我觉得英文说来说去就是那些词，比中文要简单多了。

我跟朋友沟通过，我那个朋友特别坚持，一直让孩子上中文课。但我女儿的脾气比较偏，反抗的特强烈，她第一个中文老师是在国内小学教学的，这个老师在这边教授的中文跟国内基本同步。老师很严格，虽然一周只上一次课，但是作业很多，而且试卷也很难，孩子就怕。我跟老师沟通说，我们不要求她学的那么快，她只要认识这些字就行，但是老师说不行，要按照进度来。有坚持下来的小朋友，但我们不想这样，只要她学会并掌握了这些字，慢一点也没关系。

一对一的老师比较好，也不用担心会影响班里的其他孩子。我们就是想让她学会中文小作文怎么写，思想怎么表达。我们的要求特别简单，不高，字会读就行。我们平时没有刻意教过她，就是将中文学习融入生活，让她在潜移默化的作用下，学习中文。老大写的作文虽然也是流水帐，但是全篇下来，事情的经过是能写清楚的，虽然没有什么华丽的词汇，但简单的句集合在一起，也很不错。比如，今天早晨起来我干了什么。特别简单，也就是国内二年级水平，充其量就是三年级水平。坚持上这种中文课特别困难，我很佩服到今天还坚持上中文班，并且能跟的上老师进度的孩子。

中文书、音频、视频资料家里都有，他们小时候也经常看，长大以后看的次数就少了。前几天他还看了西游记，真希望有一天他能独立把西游记这本书读完。他俩会看中文动画片、神话故事、历史故事等。不过他们更喜欢美国当地的书和动画片。

每当学校来了英文还不太好的新同学，老师们总是会找到他们，让他们帮忙。这项工作老大、老二都做过，他们会带新同学一到两个月，教他们怎么上课，怎么在学校生活等。老大曾经教过小孩子中文，做志愿者孩子们都挺喜欢他的。

如果有大人或者朋友夸他中文说的真好，他会很高兴，会微笑。大了嘛，大家会觉得，你就是应该会讲中文的。小的时候，既要提升英文，又要兼顾中文阅读，压力确实会大一些，但过去了就好了。小学期间比较难，比如三四年级的时候。我问过同事，同事的孩子三年级的时候，突然怎么也不愿意讲中文了，后来他来我家，他用英文说他不想吃土豆皮，我们就故意装作听不懂，最后逼得他说了"皮"这个汉字。到了四年级，有些孩子会拒绝说中文是因为他们觉得中英文转换麻烦，特别麻烦。

其实出现这一现象的主要原因就在于语言环境。我觉得学任何语言都是需要语言环境的，我以前学过荷兰语，虽然现在打个招呼的水平了，但当时在荷兰的时候，学得特别快，有一两个月，天天学，上课，就可以完成简单的对话了。所以我觉得语言学习主要还是要靠环境。

每一到两三年，我就会带着孩子们回中国一次。上一次回去是 2016 年，本来今年想回去的，但受疫情影响，没回成。小孩子特别喜欢中国，也特别喜欢待在国内。带他们回去看故宫、看话剧、吃糖葫芦，这些都是他们特别特别喜欢的活动。这些不同于美国的文化，是他们在美国感受不到的。孩子回去就开始讲中文了，慢慢的，说话就变成全中文了。他们从中国回到美国大概两个星期内，还可以讲中文，但一上学，就又回到英文了。他们在中国，跟小朋友一起玩，都是用中文，进步还是挺大的。本来今年都已经在中国找好了一对一的中文老师了，但却没有回去，实在是太可惜了。

因为我们是中国人，所以我们学习中文有着与生俱来的优势。别的国家的人都认识到了中文的重要性，开始学习中文了，我们自己是中国人，又怎么能放弃呢？中国越来越强大，发展也越来越快，我们虽然在国外，但这样的变化对我们生活影响还是挺深的。比如，荷兰、美国越来越重视中国经济的走向。现如今，中文影响还是挺大的，你多会一门语言，就会比旁人多一些优势。有一些与中国做贸易的本地公司在录用员工时会有限录取会讲普通话的人。还有，我的父母一直在帮我们照顾孩子、陪伴孩子，现在孩子长大了，我也希望他们能多陪陪老人。

我们还是非常注重传统文化的，现在国内的节日我们也会过。其实以前在国内并不是很注意这个，反而到国外就开始重视。端午节吃粽子，春节包饺子、发红包。我们的孩子从小就在感受我们传统的节日。我们出来十几年了，小孩也喜欢庆祝这些。端午节，我们带着孩子采摘了艾草，还晒成了干，带着孩子一起做了小香包。粽子不太会包，别人送我们粽子，我们给别人小香包。我们收了五六十个粽子，并且都回馈了小香包。孩子们做的特别认真，特别开心。包饺子，他们也都参与了，我也教他们做了很多中国食物。

每个节日都有每个节日的特色，春节舞狮子，孩子都很喜欢。学校里有个国际周，我们当时带过去的皮影戏等，舞得像模像样的。我们想尽自己微薄之力，宣扬中国文化，同时也是给孩子起一个表率作用。

学中文很难，确实很难，但我也会鼓励他们再学第三种语言。老大喜欢法语，老二喜欢西班牙语。虽然只是兴趣，但我希望他们能过说的流利。我的圈子比较多样化，我们属于公司外派，所以圈子里各国人都有。他们会接触到各种文化。第三种语言的选择主要是受孩子们自己朋友圈的影响，如果他们的朋友有会其他语言的，他们就会对这些语言产生兴趣，所以我觉得，语言学习，环境真的非常重要。比如，在国内，他们的中文就特别好，因为处在一个中文的环境下，无论干什么都离不开中文，所以在国内中文进步的特比快。

第三位被采访者

孩子年龄十岁，四年级，女。

没有上过中文学校，但是跟着一个中国老师学习中文。她现在的中文老师是以前上海的一个语文名师，非常厉害。她上得是小班，最开始一对六，后来只剩下一对三。去年一年都是一对三，但现在暑假又成了一对六了。

我觉得效果还挺好的，反正我自己在家里教不了她。中文嘛，就要多写多练，但是你让她写，她就会给你耍脸，因为有的汉字长的很像，所以她觉得很难，不愿意写。比如昨天让她写字，写报纸的报，她写成了披风的披。她没发现，我也没注意，发给老师后老师说写错了。汉字很难，每一个都似像非像，所以需要练。她们这个老师不错，抓得很严。等到班里的孩子有中文基础了，课程就变成了一周上一个半小时了。在暑假的课后，这个老师会没两天布置一次作业，写完之后，拍照发到群里，这样大家都可以看到你的进度，心里有数。我觉得这种方式还挺好的。

老师要求比较严，学生水平的提升速度也比较稳定。暑假里，她就只有这一个小班，其他都是一对一的。这个班里的孩子，水平都差不多。有水平差一点的，老师督促一下，就赶上了，老师教起来比较省心，所以这个班就一直保留着。课后，老师会要求背课文，读课文，并由家长录像发给老师。

如果读的不过关，老师会告诉你问题在哪里。一般都是两节课上完一个单元，老师会要求孩子们把课后的生字描红，然后对照群里发的字、词、拼音的标准格式进行修改。一个单元的作业除了要写字、组词外，还要写练习册，所以通常都是两个周完成一个单元。

她从一年级才开始学的英语。因为没有英语基础，我们担心她汉语和英语会记混。身边朋友家的孩子，大部分都是从幼儿园就开始学中文了，因为她们是从美国出生的，在 daycare 里英语已经很好了。除此之外就没有学的更早的了，再早就坚持不下来。还是从一、二年级开始学习中文比较好。

我们肯定要继续学。高中也要上二外，我跟 Jessie 说，你现在是小学阶段，没有什么事情，作业不多，等你上高中以后，高考的二外就很简单了，这个是可以提前考，考过了就不用再学了，如果你现在学好了，以后就不用花时间学了，就可以把这些时间用在别的科目上了。她觉得中文比较难，将来可以学西班牙语，学法语。我跟她说，得州这个地方，西班牙裔的人这么多，你再怎么学，你也学不过人家的，学中文的话，我们可以辅导她，对她有帮助吗，但学的别的话，我们就帮不上忙了。我有个朋友，孩子学的日语，那就全靠孩子自觉了。她喜欢日本漫画，从零开始，读漫画，坚持自学下来的，也很让人敬佩。

在家里，她说的 95％以上都是英语。汉语说的很少，她本来就不爱说话，你让她说汉语，干脆就不跟你说了。我不跟你说总可以了吧。我爸妈在这里看孩子，这些年因为照顾他，都能说好几个单词了。我们想让她在家里说中文，可是她习惯说英语。她觉得英语比中文好说，因为她在学校里就连说中文的机会基本没有，小朋友一起玩也是说英文。

我说中文，她回英语。甚至 95％的日常对话用得都是英语。除非你跟她发火，说，你必须说中文。她才会很不高兴的说中文。说英语，她不用思索就可以说出来。中文呢，她先要把英语转中文，想一想再说，这就比较痛苦了。很多词她也不会说。比如一些体育课上的词汇，她会说英语，但是不会中文。

她跟弟弟也是说英文，很少说中文。弟弟是中、英文都说。弟弟看英语动画片，学了很多英语。跟姥姥姥爷说英语，听不懂，没有什么特别需要沟通的事情，能不说就不说了。我们也没有办法。

暑假带她回国，明显觉得，她回国待上两个月，中文水平提高的很快。就是认字不太好。她在国内待了一段后，说自己说英语的时候，舌头都不利落了。

在国内，身边的人都说中文，没有人说英语，想跟小朋友玩，就只能说中文。说的多了，中文慢慢就好了。平时家里人交谈的中文用词比较简单，她会说，但再难一点的就不行了。我们基本上每年都会回国一次，刚开始她不愿意回去，她很喜欢美食，我就跟她说国内有很多好吃的，并在网上给她搜索了很多中国美食的图片。她喜欢历史类的东西，博物馆什么的。去年就带她去了西安，吃各种好吃的，看秦始皇陵。

她觉得的她自己不太懂中文，就不愿意回去。去年我们五月回国，当时国内还没有放假。我们带她去超市，别人都问她，你今天怎么没有去上学啊？她刚开始还跟别人解释，后来解释多了就烦了，然后就不出门了，只有确定是周末，她才出去，因为这样别人就不会问她为什么没去上学。

中文大白话她能懂，课本里的文章还有常用成语就不太懂了。她二年级开始上中文课，用的国内教材，学了三年了，才学完二年级上册。这里的中文课一周一次，时间太少，所以进度比较慢，但我们觉得无所谓，你哪怕一年学 200 个汉字，到高中也差不多 2000 多个汉字了，常用汉字也就是 3000 个，足够了。单个字她认识，但组成词可能就不认识了。我在家里，主要是负责辅导她做作业，并检查老师留的作业。很多字它其实学过了，但还是不会写，需要反复地检查复习。

每个小孩都不一样，有的孩子排斥说中文，有的不排斥。我们家有不少带拼音的中文书，她不爱看，西游记的动画片，她也不爱看。我跟她说，你看一集，给你奖励，她说看不懂，所以还是没看。弟弟基本也不看。去年回国，在国内弟弟坚持用 YouTube，只能给她看 YouTube。

上中文课花费不贵，暑假 300 块钱一节课，秋季学期才 200 多一节，一年也就是 1000 多块钱，对我们来说没有什么负担。这里有个华夏中文学校，大班上课更便宜。平时 afterschool、暑假的各种 CAMP，都有中文课。我觉得大班授课，不如小班好。目前来说小班上课效果还挺好的，我的要求并不是很高，学一点就好，去年学拼音，读的书多了，现在有些字她就认识了，比如中文歌曲名什么的。学总比不学强。

她跟小朋友在一起玩的时候一定是说英语的，这是习惯问题。对她们这些自小长在美国的孩子来说，母语就是英文了。比如你跟家里的人会说 dialect，工作场合会说 Mandarin，如果反过来，就很怪。因为她们在学校里说英文，所以，平时也习惯说英文，不过她在学校里和中国朋友分享一些不想让其她小朋友知道的秘密时，会用中文，因为这样别人就听不懂了。不过她们这个学校平均每个年级都有 50 个中国小孩，所以她也没有觉得中文有特别的优势。

华裔家庭的人大都支持孩子学习中文，且学中文的方式较为多样。有的家长在家里自己教，但我比较懒，就送她去学校学习了。为了让孩子学中文，父母尝试了各种各样的方法。

我曾跟她说，你是中国人，父母都是说中文的，你现在跟我们说英语我们能听懂，但等以后你学物理化学生物，我们可能就听不懂了。而且你以后回中国却不会中文的话，坐个公交车，或者问路、点菜都办不到。你爸爸也经常说，英语和汉语在世界上非常重要，一个是用的多，一个是用的广，中国现在经济发展很快，你英语没问题，再学好中文，以后在就业，或者其他方面的机会就会多一些。但小孩子理解不了这么多，她就觉得自己每天要花好长时间来学习，所以比较痛苦。如果学的好，她也会很高兴，不过她痛苦的时间比高兴的时间长。比如，在家背课文一边背一边哭，但背过之后，老师表扬她，她也会很高兴。

如果是大人孩子聚在一起，孩子们互相聊天就会说英文，因为对于他们来说，英文就是官方语言。如果她知道那个家长会说英文，那她跟那个家长打招呼的时候也会说英文，如果那个家长不会说英文，她就会用中文来打招呼。除了打招呼她很少跟家长沟通，大家聚在一起玩的时候她基本上都是跟小朋友说话的。

家里人都很支持她学中文，姥姥姥爷希望她好好学中文，她也同意了，但平时说中文的次数还是不多。这边有个双语学校，很出名，她们学校过节日会有传统表演，这个学校中国人占比 1/3，白人占比 1/3，其她族裔占 1/3。

在这个学校里，学生会拿出一半的时间来学英文，以保证他们的英语水平不下降，剩下一半时间用来学中文，只用这一半的时间，他们的中文就能学的很不错了。

我们家也会庆祝传统节日。过节的时候她会好奇节日习俗的原因，比如端午节为什么要吃粽子？她并不排斥传统文化，所以每次给她解释，她都会听得很耐心。他们学校西班牙裔的小孩很多，她跟着学了两天，觉得比较难，就放弃了。我跟她说，你在得州学西班牙语跟西班牙裔抗衡，那是不可能的。

去年我们在中国待了两个月回来后，她说英语就觉得舌头不太听使唤了。在国内我们并没有刻意让她说中文，但她说中文的时候更多了。所以我们认为，语言环境对语言学习来说是非常重要的。暑假在这边两个多月，总不能天天在家玩，大家都是 Camp，一个月下来，基本就得 2000 多块钱，最便宜的也要一周 200。父母实在没办法，就送回去了。待在美国过暑假不如回国来的划算，带回国去还能长长见识。她这个年龄，不回国的话，以后对中国就更没有印象了。

回国三个周后，她的语言就有很明显的变化，刚回国时她还处在适应、学习和消化吸收的过程，听得多了，很快说得也多了。这个是变化是非常明显的。与其在美国报班，不如带回去，跟家里的人亲近一下。她喜欢历史，带她回去看看中国的历史，美国人习惯生活在自己的天地里，不太关心外面的世界，回去之后，她感受到了不同国家的不同历史，这跟她在课本上学到的是不一样的。

她现在不理解中文学习的重要性，但是，随着中国这一经济体的发展，中文学习会越来越重要。十年后，等她长大，可能会有回中国学习的机会，如果她将来学的是历史，那中国历史肯定是需要研究的。而且，就算她学的是其他专业，会中文也会为她增加很多从业机会，同样的，如果她在中国发展的话，流利的中、英文也会成为她的就业优势。

她是上幼儿园的时候来的美国，那时，我有经验的朋友就跟我说，半年之后你就会开始担心孩子不说中文怎么办了。她并没有考虑过回国语言不通这个问题，她说，机场的标识都有英文，在城市打车也可以给司机看图片，她认为，我不会这个语言，也可以在这里生活的很好。对她来说，回国就只是以此出国旅游而已。

第四位被采访者

男孩，九岁，三年级。女孩，六岁，一年级。

因为居住的城市没有中文学校，所以他们都没有上过。听说中文学校不贵，因为有些是教会办理的，但这些学校离家有点远，所以这也是没有送他们去的理由之一。如果离得近，学费也不是很贵的话，那肯定是会送他们去学习的。

在家里的时候，爸爸说英文，我说中文。我跟他们交谈的时候用的一直都是中文，无论在哪里都说中文，甚至在 Public places 我也会说中文。只有四个人一起交流的时候，我才会讲英文。孩子们长期接触的语言环境是一半中文，一半英文的，这样的孩子语言开发特别慢，我的孩子都是两岁以后才开始说话的。

我有一个朋友，她会讲三种语言，俄语、土耳其语、英语，他的孩子开口说话更慢，三岁左右才开始说话。语言越多，孩子越混乱，孩子学的也越慢。甚至她的孩子刚张嘴说话的时候，妈妈都不知道孩子在说什么。

孩子跟我讲中文，跟爸爸讲英文。他们见到中国人就讲中文，见到美国人就讲英文。比如我们对老师讲 Mandarin，回家讲 Dialect。孩子也是这样，不然，他们会很别扭，不习惯。

他们能分出来你是亚洲人还是美国人。他们从刚开始学说话的时候，就有这个意识。对中国人讲普通话，对美国的爷爷、奶奶讲英语。孩子们会根据长相来判断跟你讲哪种语言。

孩子们跟姥姥、姥爷不经常视频，聊天也是很普通的日常对话。去年夏天我带他们回国，报了各种课外班，比如，跆拳道、舞蹈班。在那里，老师训练他们起立、集合，他们听不懂。稍微正式一点的语言他们就听不懂，只能听懂简单日常的语言。他们主要是看别人怎么做，他们就怎么做，因为他们听不懂。在这两个月里，他们经常跟小朋友们待在一起，中文也没有很大进步，就是语速快一点了。他们说的中文基本上就是从英文翻译过去的。比如，她会说，好烫这里，其实是"这里很热"。我太热了，她说，我太烫了。语法也是，她说，我去学校今天，妈妈你和我玩一起，这都是按照英语翻译过来的。我每次都会纠正他们，但是他们接受的没有那么快，还是按照英语思维习惯来表达。

如果两个家长都是中国人，孩子中文可能并不会很好。比如，我有一个朋友，她会经常跟自己的孩子说英文，因为她觉得，如果不练习英文的话，她自己的英文水平会退步，所以一直讲英文。他们家孩子的中文还不如我家孩子的中文好。这个妈妈拿自己的孩子练习英语口语，但夫妻间说的是中文，爸爸可能觉得他有练习英语的机会，所以无所谓说哪种语言。

中文要一直说才行。他们用中文表达不出来的时候，我就会告诉她说，我听不懂，你要用中文说，这个时候孩子们会重新组织中文，有时我也会说，你说的英语太难我听不懂，不要在我面前说英语。久而久之，他们就习惯了在我面前说中文。他们说英语的话，我会让他们用中文再说一遍。在他同学面前，我们也说中文，他们同学跟他们关系很好，还会跟着我们学讲中文。他说，同学在跟着我们学。有时候小孩子会问我们，你们在讲什么话？我们还是会说中文。

我在家里也教过他们一些中文，但我不怎么会教中文，所以一直是一年级上册，教来教去，还是那一本书，没有进步，而且永远教不完。我坚持不下去了。一年级上册的前面，他们可以读几篇儿歌，但长篇的文章，像乌鸦喝水这种，他们就不会了。他们会写一、二、三。我给他们打印过一张字帖，他们写过，但并没有坚持下来。他们的中文听、说好一些，就是日常对话，难一点的，他们就听不懂了。比如，五颜六色这类词，他们就听不懂。

让他们学中文，其实就是想让他们跟我说话，如果他们不跟我说中文，家里就没人跟我讲话了。我会讲英文，但是我不想讲英文。我不会担心英语退化，因为我可以跟我老公说英语，但如果我不跟我的孩子讲中文，我担心孩子的中文会退化。

另外，让他们跟我爸妈说话也是我让他们学中文的原因之一。我爸妈只有我这一个孩子，而我只有这两个小孩。如果视频的时候，他们只能互相望着对方，无法交流，或者每次回国的时候，他们也无法交流，那多不好。我爸妈会伤心的。

他们有 1/2 的中国血统，多学一门语言总是有帮助的，虽然不知道什么时候会派上什么用场，但多一门语言，总是好的。暑假我会让他们每天学 2 个小时的中文，他们觉得很有意思，很喜欢，比他们学数学高兴多了。我用是国内的数学教材，比美国学校的数学难度高很多，他们三年级的时候我就开始教他们四年级甚至五年级的数学了。他们经常会说，今天不上数学了吧，上中文课吧。上中文课，其实就是听故事，读故事，是用来放松的课。中国家长总是希望自己孩子比别人的强，所以我就用国内的数学教材，每天放学回来，就上数学。

日常生活，主要就是我说什么，他们就说什么，没有刻意教过。我教他们的中文都是一年级书上的字，是很简单的。我发现，他们如果不感兴趣，无论字多么简单，他们都学不会，但如果是他们感兴趣的字，不论多难，他们都能记住。他们学中文，是按照自己兴趣来的。这篇故事很好听，他们就会回答问题，会学，但一些枯燥的文章，他们就觉得没意思，阅读不下去。

家里有很多中文书，但是这么多年，他们都没有读过。跟兴趣有关系，感兴趣的内容，他们就愿意学。比如，孩子喜欢动物，有关动物的故事，他们就愿意学。一开始学汉字是很难的，笔顺、认字什么的，很难，他们坚持不下来，他们认为写中文就像画画一样，画下来就完成了。

姥姥、姥爷是很支持他们学中文的。但爷爷说过不愿意，他说，他们是美国人，他们生活在美国，你怎么教他们中文，不教他英语？吃饭的时候，怎么用筷子啊？他们是美国人，生活在美国，没有必要学中文。我就不说话，我想，多学一门技能没坏处，如果你以后跟亚洲人在一起吃饭，人家摆出来筷子，你不会用，那不是很丢脸嘛？最主要的是，如果我不跟他们讲中文，他们就完全无法跟我爸妈交流了，那我爸妈怎么办呢？我丈夫很他们支持学中文，但是在一起讲话，如果我讲中文，他就会说，这样很不尊重人，没有礼貌，你们犯规，不过其他时候都没什么事。

比如，7 月 4 号独立日，这么严肃的节日，讲英语吧，讲不同语言，会很奇怪，但我还是讲中文，不过他也什么都没说。这是语言习惯，就好像两个孩子在学校讲英文，他们聚在一起的时候就会讲英文。

我在这里遇到过一个中国小孩，普通话讲得很流利，完全听不出来是在美国长大的，听着就是个中国人。他叫 Max，其实他是在美国出生并且在美国长大的，八九岁了，中文讲的非常好。他家里只有这一个中国小孩，大人讲什么，他就讲什么，如果孩子多了，他们就会讲英文，用英语交流。

哥哥还没上学的时候，他们在家都是讲中文的。后来我就发现，上学后，因为在学校都是用英文交流，所以回家后他也开始跟妹妹讲英文，慢慢地，他们就开始用英文交流了。刚开始，我提醒一下他们，要用中文，他们就会有意识地换一下语言。可是等妹妹上学之后，就换不回来了。两个人都上学了，习惯了在学校用英语交流，他们就完全用英语了。

我在家里不会过中国的节日，因为我太懒了，我不会做那些饭菜，所以他们也不会过这些节日，甚至完全不知道这些中国的节日。

在中国说中文的机会比较多，在美国，就算是跟中国小朋友一起玩，也是讲英语，没有讲中文的机会。他们在美国讲中文的机会基本就只有跟我聊天了。中文是我最习惯的一种语言，所以他们一出生，我就跟他们讲中文。我刚来美国的时候，孤零零的一个人，谁都不认识，也不会开车，如果连他们都不跟我讲中文，就没人跟我说话了。

第五位被采访者

我女儿 13 岁，七年级。是小学二年级上学期来到美国来的，没有上过中文学校。

她有时候说中文，有时候说英文。因为我不会说英文，所以她跟我交流只能说中文，她跟爸爸有时候会说英文，但一般都说中文，因为爸爸要求她说中文。刚过来的时候，担心她的英文，想让她把英文学好，但现在觉得那时候如果让她继续学中文就好了。

最近在让她看中文书，拼音能拼，但不会写汉字，听、说没问题，就是有时不懂中文什么意思。她现在不太愿意学中文，虽然不愿意学，但我们希望她最好不要忘记中文，我们毕竟是华人。此外，学中文可以说是百利而无一害。比如说参加工作，她是华人的孩子，英文没问题，还会懂中文，这将会成为她就业的一大优势。当然她也可以去学别的语言，我们并没有要求她必须学中文，我们只是希望她能够学中文，如果她愿意学另一种语言，她自己喜欢就好，我们也不反对。

她说中文就是局限于在家里跟我们沟通，出去的话，就算是跟华人的孩子在一起，小孩子也都能听懂、会说中文，她们交流还是会用英文。她只在家里跟爸妈妹妹说中文，不愿意跟亲戚说中文，也不愿意跟说中文的人交流。可能是跟她们平时上学有关，她们在学校里说习惯了，大家在一起自然而然就会说英文。

我没有想过让她学中文，高中的课程跟国内二年级的中文课程差不多，如果能把家里的中文故事书读完，基本也差不多了。其他妈妈说，她们的孩子也没有学到什么。现在手机上都有那种学中文的 APP，如果她有兴趣的话可以自己跟着学。

刚来的时候没有继续教她中文，现在感觉有些后悔，她来美国的时候才二年级，而且美国小学课程并不紧张，如果那个时候可以抽时间把她的中文巩固一下就好了。现在初中，课程开始紧张，又遇到青春期，孩子开始叛逆了，你说什么，她都不太听，她就是要做自己喜欢做的事情。

妹妹现在四岁，我自己在家教她一些中文。我现在每天会给她读一些中文书，慢慢的她就开始认识中文了。姐姐跟妹妹说话的时候，有时说中文，有也会说英文，孩子学的很快。妹妹虽然没去上学，但已经在她姐姐的影响下学了很多英文了。

家里有不少中文书。有些是朋友给的，有些是我自己带来的。我来了美国以后就没怎么再回过国了，我女儿也不想回去，她更喜欢美国。

她在学校里也有华人朋友，而且都会说中文，但是她们在一起的时候基本不说中文。跟家里的亲人，也只是用中文打个招呼，不说别的。我跟朋友在一起说话，她能听得懂。她有点内向，跟朋友说很多，但不跟我们说，而且她现在正在叛逆期，很让人头疼，你跟她说话，她不会好好跟你讲话，会嫌你烦，不愿意说话，喜欢自己一个人待着。你说多了她会生气，说话态度也不好，很让人恼火，但我们只能忍着、包容她。

她会不会写中文不要紧，但一定要认识，并且能读出来。现在中国不断发展、强大，多学一门语言，挺好的。打比方说，如果美国的银行有会说中文的员工，那么华人去银行，会更愿意找这个会中文、沟通比较方员工。甚至有些工作岗位可能要求你要会中文或者广东话。

我身边的朋友都在让孩子学中文，我也希望我的孩子能学好中文。我们毕竟是华人，本土语言就是中文，当然不想让孩子忘了这个语言。我们也说过，你长得像华人，别人会觉得你应该会懂中文。我们没有参加很多中文活动，因为人多的地方我们都不想去。传统节日我们都会过，我们会告诉她，这是我们中国的节日，端午节、中秋节、春节。她们不排斥这些节日。在外面说中文，她也不排斥。每年我都会带孩子回国，这对孩子的中文有帮助，因为在国内必须要说中文，用中文交流。

第六位被采访者

11 岁，男孩，四年级。

上过中文学校，而且学了三四年了。目前来看，上中文学校是有效果的，至少可以认识很多字。在家里，如果我跟他说中文，他基本用中文回答，如果是他提出问题，基本会用英文问。我们有时会让他用中文回答，但是不会强制。我们在家里的日常对话超过 60 %是用中文进行的。有时他跟我们讲一些他学校里发生的事情，会掺杂英文，因为有的中文他也不会说。我们没有刻意教他中文。

他的中文课是一周两次，一次两个小时的。现在他每天都要完成读书、默写的作业，因为每天都要交。以前上的中文学校，没有作业，但现在有了。现在上的这个中文学校效果好多了，至少日常交流基本没有问题，按照中国的要求，就是国内二年级的水平。最开始让他去上中文学校，就是想让他出去跟人交流，不要老是呆在家里。

我基本上不买中文书，因为他不看。他喜欢读书，但是都是英文的，中文书他读不下去。动画片看的比较多，因为老二喜欢看中国动画片，比如光头强、天线宝宝等等。老大小时候经常回国，回国会看国内的动画片。

我们计划每年暑假都回去几个月。孩子们五月就放假了，放假以后就可以回国，然后待到八月回来。我们让他回去，主要想是让他出去多接触别人。

等他长大以后，我们还是希望他可以回国上大学，考北大清华。我们希望他回国的原因也很简单，第一，都是地球村了。第二，他也在了解中国。第三，等他长大了，中国可能就有世界上最顶尖的综合国力了。

美国的学校一般都要求学习第二语言，我们这边一般都学西班牙语。学英语的孩子再学西班牙语就很简单，这样他们可以学会三种语言。

他知道家里的老人不会说英文，所以他跟老人聊天的时候会说中文，但基本只说必须要说的，不会说太多，因为聊不起来。他天天都想跟朋友聊天、打电话，他们交流基本100%说英语。不会说英语的，跟他就玩不到一块。他们聚在一起说英语，我觉得是一种思维定势，就跟我们见到中国人，我们的第一反应就是跟他说中文一样，因为他们认识，知道对方的英语比中文好。他的朋友基本都是学校里。

她参加过很多中文比赛，比如朗读、表演、故事文化什么的，我们没有要求，她自己也不愿意，是老师的任务。没有得过奖。周围人没有反对他学中文。大家都是在随大流，看别人学，自己也学学。女孩子学芭蕾，男孩子学游泳、少林功夫，都是随大流的。爱好而已，全面撒网，每个都试试，看最后喜欢哪个。他现在留下了钢琴，游泳，中文也留下了。

学校里有关中国文化的活动不少，但他都没怎么参加，因为时间不多，跟课程会冲突。

我们会和几个朋友在一起过中国节日。过节的时候我们会给他解释一下节日的来历还有节日的风俗习惯。他对中餐没有排斥，在学校里吃西餐，在家吃中餐。不过吃中餐的时候占95%。

我们上一次回国的时候是2016年，当时并没有带他在中国旅游。他很愿意回中国，不愿意回美国。

他从小就长在美国，自从学了英文之后，他就不想再说中文了，怕人家看不起。以前不会说，英文不好，但是英文好了以后，就不愿意说中文了。我有个朋友，孩子也是七八岁来的，刚开始英文不好，但过了一两年后英文就很好了，我再去他家吃饭，他全部说英文，我告诉他说中文，孩子还是说英文，他心里有种强烈的表达英文的心情。

第七位被采访者

我们每年都会送他回国学中文。他虽然没有排斥中文，但兴趣也就一般，不是很感兴趣。他说，回国可以，但是不要上学。让他回国，一方面是想让他学中文，另一方面就是想加强他和老人的感情。回国了，也不能老待在家里，平常就让他上学去，天天在家里带着也烦。

孩子的听、说没有任何问题，成语什么的可能不懂。在家里，两个孩子交谈都是 100％说中文的。

如果小的时候，没有那个语言环境和基础，等他长大了你再让他去改，就会比较困难，而且年纪越大越难，越大越排斥。如果从小就说中文，他不会觉得说中文难，自然而然就会说出来。说中文要从娃娃抓起，比如妈妈给讲中文故事或者送回国内，都对中文学习有很大帮助。

中国的传统节日我们也会庆祝，比如给孩子讲讲节日传统、节日习俗什么的，还会吃中国的传统食品。

孩子的心思不在学文化上面，没有想过文化这些东西，只喜欢跟吃跟玩有关系的，关于这点男孩女孩应该都一样。我们很早就告诉他，在家里一定要说中文。他在学校里交流时间更长，所以英文水平没有什么可担心的。

他有时候会颠三倒四的说中文。有一次我说，你把电视机的电源拔了，他说，我把电源，安插了，unplugged。不会说拔这个字，他硬生生地用英文翻译了过来。

他中文比同龄小孩好的原因，主要是我们经常送他回国内学中文，语言环境好。刚开始他跟着国内比他低一级的小朋友学习，都觉得很吃力，考试的题目基本看不懂，每天都得做作业做到九点钟。他小时候挺乖的，现在有自己的主见了，开始讲道理反抗了，他不想学，觉得学这个没用。我给他带了国内的课本来让他读读，他就找各种理由不学。

在这里没有那个语言环境，中文慢慢就生疏了，再学，就花精力，抵触也很正常。我们会强迫他学习，比如不学中文就不给看电脑，不给打游戏。我没有想过以后，就看眼前。说不定以后会用上，如果他在美国混得不好，回国还能有一条退路，比较美国籍的孩子考清华更好考，多一个选择总比少一个选择强。

先学好中文，再学其他语言。其他语言可以学，但是要先学好中文。他做数学题，都是中文的数学题，难度跟国内孩子的数学题差不多，每天做一些。这些主要是他妈妈在弄，我没怎么管过。钢琴、画画什么的，我认为没什么大用处，跟着跑一跑可以，不指望拿分，得奖，就是陶冶一下情操。我们不算 push 得特别厉害的。在中国的时候，他老师很好，给了他不少中文书。他跟孩子在一起玩的时候，通常都会说中文，不会主动跟人家说英文。跟老人说话他一般也不感兴趣，打个招呼就跑了。

学中文这个事，如果妈妈爸爸不管，放任自流，孩子肯定就不学了。我们对学中文的看法就很一致，没有说一个支持，一个反对，也不会觉得，学中文没用，不用浪费这个时间。至少在网上，我还是看见过不少认为自己已经脱离中国，就不希望孩子再学中文的人。